정순덕 e파워 서비스

정순덕 e파워 서비스

정순덕 지음

http://www.book21.co.kr

지은이의 글   e-Power Service

경쟁의 시대이다. 어느 시대인들 경쟁이 없었겠냐만, 세월이 흐를수록 더한 것 같다.

특히 고객을 향한 경쟁의 강도는 그 치열함이 더욱 극심하다. 아무리 경영 여건이 어렵고 경쟁이 심하더라도 고객만 확보하면 살아남을 수 있기 때문이다. 그래서 나는 그 동안의 경험을 바탕으로 어떻게 고객을 사로잡을 것인가에 대한 내 나름대로의 생각을 정리했으며, 그 첫 작품을 'e-파워 세일즈'라는 이름으로 2년 전에 발표했다.

그에 대한 반응은 한마디로 폭발적이었다. 전국 각지에서 쇄도하는 강의 요청, TV 출연, 그리고 내로라 하는 기업의 스카웃 제의 등등.

책을 내는 것이 정말 힘든 작업이긴 하지만 큰 보람을 주는 것임을 실감하였다. 그리하여 이번에는 '서비스' 부문에 도전하기로 하고 새로운 시각에서 접근해 보았다.

나는 우리의 서비스 풍토에 불만이 많다. 사원 교육을 하더라도 그것이 과연 서비스 교육인지 매너 교육인지 구분이 어려울 정도이며, 잘 웃고 인사 잘 하는 것이 서비스의 핵심인 양 오히 하고 있는 듯하다. 대부분의 서비스 강사가 스튜어디스나 행사 도우미 경력자라는 사실이 그것을 증명하고 있지 않은가?

　서비스의 궁극적인 목적은 판매, 즉 세일즈에 있다고 생각한다. 물건을 팔든 이미지를 팔든 무엇인가 판매함으로써 기업의 이익을 창출하고 조직 발전에 이바지해야 제대로 된 서비스인 것이다. 미소 한 점, 인사 한 마디에도 세일즈적 요소가 가미될 때 비로소 살아 있는 서비스가 된다.

　그런 관점에서 나는 '세일즈적 서비스(SS)'라는 신개념을 만들고 그를 바탕으로 새로운 서비스 방향과 기법을 제시하였다. 물론 나의 능력을 뛰어넘는 도전임을 인정하지만 부족한 것은 앞으로 더욱 심도 있는 연구를 통하여 보완해 나갈 것이다.

　아무쪼록 나의 새로운 시도가 우리네 서비스 풍토에 새바람을 일으키길 소망한다.

　재주가 없는 탓으로 이번의 도전에도 많은 고통이 뒤따랐다. 그 고통을 함께 나누어준 남편과 두 아이(보라, 윤호)에게 감사한다.

정순덕

차 례 e-Power Service

지은이의 글

제1장 e파워 서비스, MS냐 SS냐

1. 서비스인가, 예절인가   *11*
2. MS냐, SS냐   *19*
3. SS를 강화해야 하는 이유   *26*
4. 표 파는 곳, 표 사는 곳   *28*
5. SS의 SERVICE   *33*
6. SS맨의 서비스 10계명   *37*
7. 서비스, 하려면 제대로 하라   *51*
8. 서비스 신지식인   *59*

제2장 e파워 서비스의 행동 지침

1. 미소   *69*
2. 인사   *74*
3. 응대어   *81*
4. 호칭의 위력   *84*
5. 명함 활용법   *93*

제3장 e파워 서비스의 고객 관계	1. 고객에 대한 관심과 기억	*111*
	2. 고객 심리 10가지	*118*
	3. 고객 불만 처리법	*134*
	4. 고객의 기대 충족	*147*
	5. 돌아오지 않는 고객	*156*
	6. 진정한 서비스란	*165*
	7. 친절은 사랑이다	*173*

제4장 e파워 서비스의 실천 지침	1. 서비스맨의 판매 화술	*189*
	2. 고객 설득 기법	*207*
	3. 경청하기	*222*
	4. 칭찬 마케팅	*227*
	5. 고객 구조 조정	*241*
	6. 열광 고객 만들기	*253*
	7. 서비스와 융통성	*266*
	8. 전화로 고객 사로잡기	*272*
	9. 고객 성격별 대응법	*283*

제 1 장
e파워 서비스, MS냐 SS냐

1
서비스인가, 예절인가

서비스에 대한 관심이 날로 높아지며 서비스가 치열한 경쟁을 이겨 내는 유용한 수단으로 각광을 받고 있다. 이러한 경향은 경기 불황이 계속 될수록 더욱 그러할 것인데, 그만큼 생존 경쟁이 치열해지고 먹고살기가 힘들어지기 때문이다.

잘 알려진 대로, 우리 나라에서 서비스 문제가 일반화되고 본격적으로 다루어지기 시작한 것은 1980년대 초의 일이다. 그 이전에는 계획적이고 계산적인 서비스가 이루어지는 곳은 항공사나 백화점, 은행 등 소수에 불과하였다.

서비스에 대한 관심이 활짝 꽃을 피운 것은 88서울올림픽이 끝나고 1990년대 초 '고객 만족'의 개념이 도입되면서부터이다. 우리 나라의 경우 1992년을 고객 만족 경영의 원년으로 보고 있으므로 기간만으로 따지고 보면 그 연륜이 매우 짧다고 할 수 있다.

그러나 연륜은 짧을지언정 서비스나 고객 만족에 대한 열기는 세계 어느 나라에 비해 손색이 없다고 생각한다. 쉽게, 빨리 달아오르는 우리 국민의 '냄비 근성' 때문이라고도 설명할 수 있을 것이다.

항공사, 대형 음식점, 백화점, 은행 등의 전문 서비스 업계는 말할 것도 없고, 행정 기관의 민원 봉사실, 심지어는 죄인을 다루는 검찰과 법원에서조차 친절 서비스 교육을 실시하고 있는 상황이다.

얼마 전 우연한 기회에 화장터에 갈 일이 있었는데, 그 곳에도 '친절 서비스를 제일의 목표로 삼는다'는 표어가 크게 붙어 있었다. 이는 재미있으면서도 아주 바람직한 현상이라고 할 수 있을 것이다.

예절이 서비스이다?

서비스에 대한 관심이 고조되고 있다는 것은 좋은 현상이다. 그만큼 경쟁력이 강화되고 있다는 반증이기 때문이다. 그런데 각 기업에서 실시하고 있는 친절 교육이나 서비스 훈련을 보면 조금은 걱정스러움이 앞서기도 한다.

아마 독자 여러분도 본 경험이 있을 것이다. 신문지상의 사진이나 TV를 통해 나오는 서비스 교육 장면을 잘 살펴보면 하나같이 웃는 표정이나 인사하는 장면이 등장한다. 그것에 관한 한 예외가 없다. 마치, 잘 웃고 인사만 잘 하면 최고의 서비스와 친절을 베풀어 고객을 100% 만족시킬 수 있는 것처럼 착각을 하게 만든다.

뿐만 아니라 서비스 전문가들도 '최고의 예절이 최고의 서비스'란 말을 서슴지 않는다. 즉, 예절 = 서비스라는 말이다.

그래서인지 기업의 종업원에 대한 친절 서비스 교육을 보고 있노라면 예절 교육을 하고 있는 것인지 고객을 만족시키기 위한 서비스 교육을 하고 있는 것인지 구분이 어려울 때가 많다.

서비스의 목적은 무엇인가. 상대방에게 예쁘게 보이기 위함인가? 매너나 예절을 잘 지켜서 신사답게 보이기 위함인가? 단순히 고객의 호감을 얻어서 고객이 만족하기를 바람인가?

그런 것만은 아닐 것이다. 누가 뭐래도 서비스의 목적은 판매(세일즈)에 있다고 나는 생각한다. 유형의 것이든 무형의 것이든 무언가를 팔아서 기업의 수익과 연결시키지 못한다면 그건 바로 죽은 서비스이다.

그러한 목적 의식이 결여되었거나 방향이 빗나간 상태에서 친절을 다루고 서비스를 논하다 보니 부지불식간에 우리의 친절 서비스가 매너나 예절의 범주에서만 맴돌고 있게 된 것이다.

스튜어디스 출신 강사가 많은 까닭

우리네 서비스 풍토에서 발견되는 특이한 현상의 하나는 서비스를 가르치는 전문가나 강사가 대부분 여성이라는 점이며, 그 여성 강사들을 보면 거의가 늘씬한 몸매와 미모의 소유자들이라는 점이다. 그리고 또 그들은 대부분 과거에 스튜어디스였거나 행사 도우미 경력의 소유자인 경우가 많다는 사실이다.

물론 서비스 전문가나 강사가 미모의 여성이라서 안 될 것은 없다. 또, 현실적으로 서비스 교육을 체계적으로 받은 계층이 스튜어디스나 도우미들이다 보니 자연스럽게 그들이 전문가로 등장하기도 할 것이다. 그 점은 충분히 이해한다. 그리고 피교육자의 입장에서 볼 때 이왕이면 미녀 강사를 쳐다보며 교육을 받는 게 훨씬 기분도 좋을 테고 보기에도 좋을 것이다.

그러나 그러한 경향과 현상은 우리네의 서비스 수준이 '남에게 예쁘게 보이려는' 수준이거나 아니면 예쁘게 미소짓고 인사하는 차원, 즉 예절이나 매너적 측면에서 접근하고 있다는 반증이기도 하다. 아울러 항공사의 서비스가 서비스의 기준인 것으로 착각하고 있다는 말도 된다.

내가 일본에서 만난 한 전문 서비스 강사는 미모가 결코 뛰어난 사람은 아니었다. 또, 항공사 출신도 도우미 출신도 아니었다. 대학 강사인 그녀는 덧니가 돋보이는(?) 평범한 주부였는데, 아주 탁월한 서비스 이론가요, 전문가였다.

예절이나 매너적 측면에서 서비스 문제를 다루는 것에 대해 나는 매우 못마땅하게 생각한다. 그것은 서비스나 고객 만족의 본질을 망각한 것이라고 보기 때문이다.

그래서 원래 세일즈 전문가인 나는 지금까지 우리 나라의 서비스 업계가 다루어 온 것과 시각을 달리하여 친절 서비스 문제에 대해 다루어 보기로 하였다. 즉, 현재까지 서비스가 잘못 다루어지고 있는 데 대하여 일침을 놓기로 한 것이다.

주제 넘는 일일지 모르나 금융 기관의 일선 창구에서 20년 가까이 고객을 상대하며 서비스를 해 본 경험을 바탕으로 새로운 서비스 방안을 제시하기로 한 것이다.

고객 만족 경영의 이론적 원조라 할 수 있는 칼 알브레히트는 "스마일 훈련이야말로 서비스 경영에서 피해야 할 함정 중의 하나"라고 했는데, 아마 그 사람도 서비스의 본질이 왜곡되는 상황을 우려했기 때문일 것이다.

물론 고객에게 서비스를 제공하거나 고객 만족 경영을 함에 있어서 미소나 인사가 불필요한 것은 아니다. 예절이나 매너는 분명히 그것 나름의 서비스적 가치와 효용이 있음을 인정한다.

그러나 서비스와 매너·예절은 차원이 다르다. 매너나 예절이 고객 응대의 필요 조건은 될 수 있을지언정 충분 조건은 될 수 없기 때문이다.

매너 및 예절은 고객에 대한 서비스 제공의 기본 중 일부에 지나지 않는다. 그 자체는 서비스도 아니고 고객 만족도 아니다. 고객을 상대하는 서비스맨이 기본적으로 갖추어야 할 태도의 일부일 뿐이다.

그럼에도 불구하고 우리네는 매너적 요소에 치중하는 경향이 강하다. 어찌 보면 그런 교육과 훈련이 창구 변화의 가시적인 성과를 급히 도출하기에 쉽기 때문일지도 모른다.

그러나 서비스 교육이 도입된 지 20여 년 정도 지난 현재의 시점에서 이제는 그 방향과 내용이 달라질 때가 분명히 되었다고 생각한다.

인사를 할 때 허리의 각도를 몇 도로 하고, 손의 위치를 어떻게 해야 하며, 웃을 때 입꼬리와 눈매를 어떻게 해야 한다는 등의 서비스 기법이 과연 고객에게 어떤 의미가 있는지 이젠 심사숙고할 때가 된 것 같다.

과연 그렇게 하면 고객이 만족하고 더 많은 거래를 하여 회사에 더 많은 수익을 올리게 될까?라는 근본적인 의문을 갖게 되면 의외로 우리의 서비스 실태가 유치한 수준, 또는 회사의 경영과 큰 상관성이 없는 초보 수준에 머물러 있음을 깨닫게 될 것이다.

서비스는 바로 세일즈이다

일부 전문가들이 말하듯이 '최고의 예절이 최고의 서비스'라면 다음과 같은 논리가 성립될 수 있다.

- 예절=서비스(예절이 서비스이다)
- 예절≠세일즈(예절은 세일즈가 아니다 : 예절을 세일즈라고 하는 사람은 아무도 없다)
- ∴서비스≠세일즈

위와 같은 공식을 바탕으로 말하자면 서비스는 세일즈가 될 수 없는데(서비스≠세일즈), 이것이 바로 잘못된 발상이라는 것이 나의 주장이다. 서비스가 곧 세일즈임을 자각할 때 참된 서비스가 나온다는 사실을 알아야 한다.

그 동안 우리는 서비스와 세일즈를 분리해서 다루어 왔다. 그래서 서비스라면 스튜어디스가 생각났고, 세일즈라면 자동차 판매원이나 보험 판매원을 떠올렸다. 그러다 보니 우리의 서비스 수준이 매너나 예절 차원에만 머물고 있게 된 것이다.

서비스의 목적이 무엇인가. 고객으로부터 호감을 사는 것인가?

고객을 만족시키는 것인가?

물론 호감을 산다거나 고객을 만족시키는 것이 서비스가 추구하는 일부의 목적이나 중간 목표는 될지언정 궁극적이고 최종적인 목적은 뭐니뭐니해도 '판매', 즉 세일즈에 있다고 나는 생각한다.

서비스를 왜 하는가? 한 마디로 말해 무형이든 유형이든 어떠한 물건을 팔기 위해서이다. 팔아야 한다. 물건을 팔아야 하고 신용을 팔아야 하고, 상품을 팔아야 하고 때로는 이미지를 팔아야 한다. 팔지 못하면 망하는 게 경영이다. 그러므로 서비스는 곧 세일즈가 되어야 한다. 그렇지 않다면 서비스는 가치 없는 것이다.

혹자는 물을 것이다. "팔아야 하다니, 무엇을 판단 말인가? 장사꾼이야 팔 것이 있지만 공무원과 같은 공공 기관 사람들에게 친절 서비스 교육을 하는 것은 어차피 예절 교육 아니냐? 그들이 무엇을 판단 말인가?"라고. 그러나 누구든 팔 것이 있다.

예컨대 검찰에서 실시하는 친절 서비스 교육을 보자. 검찰에 출입하는 민원인에게 미소짓고 인사하는 게 검찰 서비스의 목적은 아니다. 어떤 목적을 달성하기 위해 검찰이 친절 서비스 교육을 하는가. 그것은 검찰에 대한 믿음을 팔고 국민에게 친근한 이미지를 팔기 위한 것이다. 결코 검찰 직원들의 매너나 예절을 홍보하려는 게 아닌 것이다.

지금은 치열한 경쟁의 시대이다. 피눈물나는 경쟁에서 이겨 내야만 한다. 그렇다면 '경쟁에서 이긴다'는 것은 구체적으로 무엇을 뜻하는가. 그것은 많이 파는 것이다. 즉, 고객이 많이 사도록 하는 것이다.

IMF 이후 수많은 기업이 도산한 이유가 무엇인가. 미소를 짓지 않아서인가? 인사성이 좋지 않아서인가? 직원들의 미모가 빼어나지 못해서인가?

그런 것이 이유가 되지 않음은 삼척동자도 잘 알 것이다. 내로라 하는 기업이 망한 이유는 결국 팔지 못해서이다. 못 파니까 수익이 날 리 만무하고, 그러니 망할 수밖에 없었던 것이다.

따라서 이제 우리의 서비스 교육이나 서비스 전략도 판매, 즉 세일즈에 초점을 맞추어야 한다. 초보적, 예절적 서비스 전략이 아니라 어떻게 많이 팔 것인가 하는 세일즈적 시각에서 목표를 설정하고 서비스 전략을 구상해야 한다. 그렇게 하면 지금까지 해오던 서비스 교육이나 훈련의 방향이 당연히 달라지게 될 것이다.

서비스 업계 종사자들은 잘 알겠지만 우리는 지금까지 서비스와 세일즈를 구분하여 생각했었다. 극단적으로 표현하면 서비스는 응대를 의미하였고, 세일즈는 방문 판매나 섭외를 먼저 머리에 떠올렸다.

하지만 그것은 잘못된 생각이다. 그런 단세포적인 발상, 양자택일적 사고가 존재하는 한 우리의 서비스 수준은 현재의 상태에서 도약하기 힘들게 된다. 그리고 기업의 수익이나 영업 실적과 별다른 상관 관계를 가지지 못하는 매너적 · 예절적 서비스 교육이 계속 될 수밖에 없을 것이다.

지금은 서비스 시대이다. 그러나 그 서비스가 세일즈라는 실질적인 목표를 조준하고 있지 않다면 그 서비스는 무용지물의 죽은 서비스가 된다.

즉, 서비스는 당연히 세일즈여야 한다.

2
MS냐, SS냐

웃는 얼굴, 깍듯한 인사, 상냥한 말씨, 정중하고 예의 바른 행동 등으로 대변되는 친절 서비스. 이것을 나는 '매너적 서비스' 또는 '예절적 서비스', 즉 MS(Manners Service)라고 표현하고자 한다. 반면에 내가 이 책을 쓰는 이유이기도 한, 앞으로의 서비스 방향은 좀 더 전향적이고 한 단계 수준 높은 것이어야 하며, 판매 지향적이어야 한다는 측면에서 '세일즈적 서비스'를 주창한다. MS에 대응하는 용어로 이를 SS(Sales Service)라고 하겠다.

이 책에서 나는 지금까지 우리네의 서비스가 MS 측면이 강하고, 거기에서부터 벗어나지 못하는 안타까운 상황을 비판하면서 서비스에 세일즈를 접목한 새로운 접근과 대안을 제시할 것이다.

나는 지금까지 20년 가까이 금융 서비스맨으로 근무해 왔으며, 그 중에서 최근의 10여 년 간은 주로 세일즈 분야에 종사해 왔기 때문에 서비스와 세일즈 모두를 잘 알고 있다고 스스로 자부할 수 있다.

서비스는 금융 기관 종사자로서 기본이었으며, 최고 수준의 세일즈우먼으로 내가 소속된 회사(농협)에서 전국 톱의 실적을 지속적으로 유지하고 있다. 특히 나의 세일즈 방식은 '앉아서 하는 세일즈', '고객이 찾아오게 하는 세일즈'로 특징지어진다.

많은 고객이 나의 팬클럽을 만들고 스스로 나를 찾아오게 되기까지의 과정을 곰곰이 되새겨 보면 다름 아닌 내 방식의 서비스가 세일즈에 연결되었다는 결론을 내리게 된다.

세일즈적 서비스의 접근

나는 왜 서비스가 세일즈와 그렇게 확연히 구분되어 다루어지고 있는지 이해할 수가 없다. 서비스가 세일즈이고 세일즈가 서비스인데 말이다.

이치가 그러함에도 불구하고 현실은 어떠한가. 세일즈는 주로 책이나 자동차 또는 보험 세일즈 경력이 있는 사람들에 의하여 이론화되고 교육되고 있는 반면, 서비스는 주로 스튜어디스나 행사 도우미 경력이 있는 사람들에 의하여 다루어지고 있지 않은가. 이것이 우리의 서비스 풍토를 대변하고 있는 것이다.

그 분야에 있는 사람들에게 조금은 미안한 이야기지만 스튜어디스나 도우미의 업무에 과연 세일즈가 포함되는지 강한 의구심을 가질 수밖에 없다.

강조하거니와 서비스의 궁극적 목적은 세일즈, 즉 판매에 있다.

그렇다면 우리의 서비스 이론과 교육도 한 걸음 더 나아가 세일즈적 요소를 더욱 강화해야 한다는 것이 나의 믿음이다.

그래서 나는 세일즈의 경험과 서비스 교육의 경험을 살려 세일즈적 서비스라는 새로운 접근 방법을 시도하기로 한 것이다. 그렇다고 매너적·예절적 서비스를 도외시하거나 무시하자는 말은 물론 아니다. 인사 하나를 하더라도 단순히 매너적 요소나 절차를 강조하는 데 머물 것이 아니라 한 걸음 더 나아가 어떻게 하면 판매(상품이든 이미지이든)와 연결시킬 것인지를 심사숙고하는 새로운 접근을 시도하자는 것이다.

미소 훈련을 시키더라도 단지 예쁘고 화사한 미소 연출에만 그칠 것이 아니라 어떤 웃음이 고객에 대한 판매 행위와 연결될 수 있는지를 생각하며 미소를 연출하자는 말이다.

우리의 서비스를 MS로부터 SS로 방향 선회를 함은 물론 업종별, 사업별, 업무별로 MS와 SS의 적절한 조화를 이룸으로써 합목적인 서비스를 제공하자는 것이 바로 내가 주장하는 'MS에서 SS로의 전환'이다.

MS와 SS의 포트폴리오

MS는 매너적·예절적 서비스이다. 따라서 MS에는 그러한 요소가 많이 포함된다. 깍듯함, 정중함, 공손함, 절차 중시, 품격 지향, 예의바름, 규격화, 엄격함, 공식적 등등을 바로 MS적 요소라 할 수 있다.

반면에 SS는 세일즈적 서비스이다. 따라서 SS는 판매 지향적이며 '꿩 잡는 게 매' 라는 식의 실용주의적 서비스 체계라 할 수 있다. 깍듯함보다는 친근함이, 정중하고 공손함보다는 파격적이고 부담 없는 관계를 지향하게 된다. 규격화되고 엄격하며 공식적이기보다는 따뜻한 인간 관계를 바탕으로 하는 서비스이다.

MS보다는 SS가 판매 지향적, 세일즈적 서비스라는 점에서 한 수 위라 할 수 있고, 앞으로 지향해야 할 서비스라 하겠지만, 반드시 SS가 MS보다 좋다는 것은 결코 아니다. 내가 세일즈적 서비스를 강조한다고 해서 매너적 요소를 도외시하거나 무시하자는 게 아니다. 오해 없기를 바란다.

MS와 SS는 저마다의 장점과 단점을 가지고 있으며, 여건과 상황에 따라 그 효용도 다르다. 따라서 고객을 만족시키기 위한 제대로 된 서비스 체계를 만들려면 MS와 SS를 적절히 활용하는 포트폴리오 전략을 구사해야 하는 것이 중요하다.

예를 들어보자. 만약 당신이 항공사의 스튜어디스라면 분명히 보험사의 생활 설계사와는 서비스 방식이 달라야 한다. 똑같은 인사를 하더라도 스튜어디스의 인사법이 MS적이라면 생활 설계사의 인사는 SS적이어야 한다.

만약 생활 설계사가 스튜어디스의 인사법을 구사한다면 결코 고객에게 보험 상품을 팔지 못할 것이다. 반면에 스튜어디스가 생활 설계사의 인사법을 구사한다면 그 또한 어떠하겠는가.

즉, 다음 그림과 같이 직업이나 직무, 역할에 따라 MS적이어야 하기도 하고, 또는 SS적이어야 한다는 점을 강조하며 직업별로 MS와 SS가 어떻게 적용되어야 하는지를 대략적으로 보여 주고 있다. 이러한 사실을 간과하고 모든 서비스맨들에게 똑같은 방식의 서비스 교육을 해 온 것이 우리의 실정임을 안다면 지금까지 확실히 잘못 되어 왔음을 이해할 수 있을 것이다.

당신은 어떤 요소가 더 강하게 적용되어야 하는지 한 번 생각해 보기 바란다. 이러한 MS와 SS의 포트폴리오 전략은 직업이나 역할뿐만 아니라 고객이 어떤 사람이냐에 따라서도 달라진다.

예를 들어 똑같은 생활 설계사나 은행의 창구 직원이라 하더라도 상대방인 고객이 처음 상대하는 경우와 여러 번 상대하여 단골 고객이 된 경우와는 인사법부터 달라야 할 것이다.

처음 대면하는 낯선 고객에게는 같은 인사라도 깍듯함과 정중함, 예의바름이 배어 나는 MS를 제공해야 할 것이며, 반면에 단골 고객에게는 예의바름의 공식적, 절차성보다는 친근한 인간 관계가 돋보이는 SS가 제공되어야 할 것이다. 만약 반대로 낯선 고객

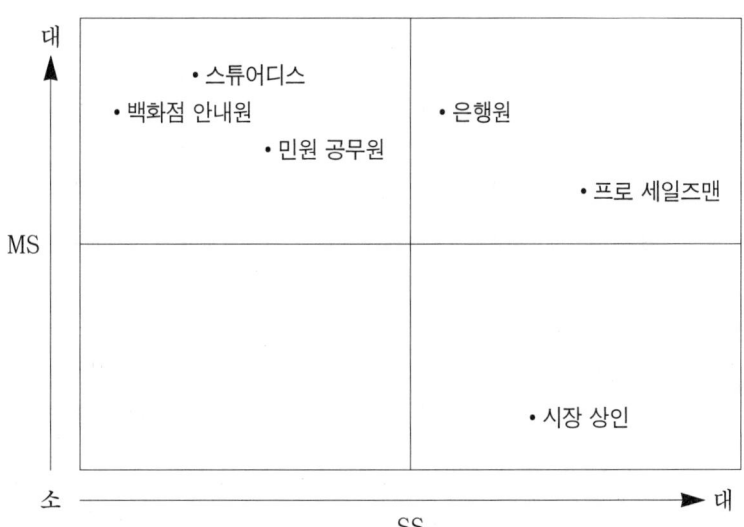

〈직업별 MS, SS〉

제1장 e파워 서비스, MS냐 SS냐

에게 SS를 제공한다면 고객은 당혹스러워하거나 버릇없는 서비스맨으로 생각할지도 모른다.

이러한 상황은 고객의 연령대에 따라서도 달라지며, 사회적으로 지체 있는 고객이냐 아니냐에 따라서도 달라지게 된다. 또한 기업의 사활을 좌우하는 비중 있는 고객이냐(80 대 20 법칙에 의하면 그런 고객은 20% 정도 된다고 한다) 아니면 별 볼일 없는 고객(80% 정도 된다고 한다)이냐에 따라서도 서비스 방식이 변하여야 한다.

다음 그림은 고객에 따라 MS와 SS의 전략이 달라져야 함을 나타내고 있다.

그 외에도 MS와 SS의 포트폴리오는 여러 상황에서 달라지게 되는데, 또 하나의 예를 든다면 그 서비스 업체가 시골에 있느냐

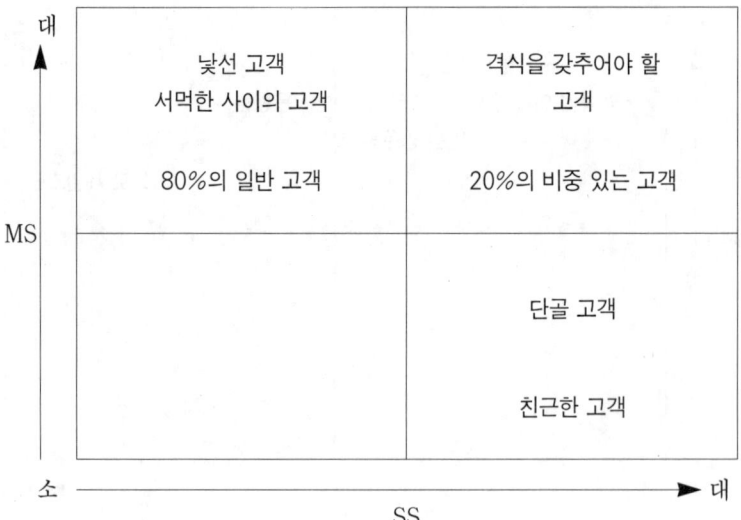

〈고객별 MS, SS〉

대도시에 있느냐에 따라서도 달라진다.

　내가 근무하는 농협은 대도시에서부터 시골에 이르기까지 점포의 분포가 매우 다양한데, 직원들에 대한 서비스 교육은 거의 언제나 서울에 있는 중앙 본부 차원에서 교재가 작성되어 실시된다. 그래서 시골 점포에 근무하는 사람들은 "시골에 맞는 서비스 기법을 제시해 달라"는 불만을 가지고 있다. 도시적 서비스를 제공할 경우 시골의 농민 고객들이 거부감을 가진다는 것이다. 일리 있는 항변인데, 이런 경우도 MS와 SS의 적절한 배분을 통해 해결이 가능하다 하겠다.

　이상에서 살펴본 바와 같이 앞으로의 서비스 전략은 SS 지향으로 방향을 잡되, 무조건적인 SS가 아니라 MS와 SS의 포트폴리오 전략을 잘 세워서 상황에 맞는 기법을 개발하고 직원들을 훈련시켜야 한다. 그래야 우리의 서비스가 한 차원 더 높아지며, 결과적으로 판매와 연결됨으로써 서비스가 기업의 성장이나 사업 실적의 향상과 직결될 것이다.

3
SS를 강화해야 하는 이유
- 서비스 산업의 변화 방향 -

　매일경제신문 2001년 5월 10일자, '글로벌 은행으로 가는 길'을 보면 베인&컴퍼니의 프양토 대표가 한국 은행 산업의 경쟁력을 강화시키는 전략에 대하여 정리한 것이 보도되었다.
　그 내용은 꼭 은행들이 산업뿐만 아니라 모든 서비스 분야가 앞으로 어떤 방향으로 변화되어야 하는지를 암시한 것이라 할 수 있다. 그런데 그 내용은 우리의 서비스가 MS에서 SS로 변화해야 한다는 나의 견해가 타당함을 뒷받침하는 것이기도 하다.
　프양토 대표의 지적을 요약하여 소개하면 다음과 같다.
　첫째, 한국의 은행(여기서의 '은행'은 '서비스 기업'이라는 말로 바꾸어 사용해도 무방하다. 이하 같음)들이 가장 먼저 밟아야 할 단계는 고객 세분화 작업이라는 것이다. 고객 세분화란 고객의 필요와 수익에 따라 카테고리별로 구분하는 것인데, 나는 이 책에서 그것을 고객의 구조 조정이라고 표현하였다.

둘째, 은행 역시 혁신적인 구조 조정을 해야 한다는 것이다. 점포를 축소하고, 단순 업무를 처리하는 창구 직원을 대폭 감축하는 대신에 보다 많은 직원을 전문 세일즈 업무에 투입하도록 세일즈맨으로서의 역량을 강화해야 한다. 이것이 바로 내가 주장하는 SS의 강화이다.

셋째, 서비스 정신과 전문 지식으로 무장한 세일즈맨을 키우라는 것이다. 무엇보다 직원들의 마음 자세에 철저한 서비스 정신이 배어 있어야 함은 물론, 최전방에서 일반 고객을 대하는 직원은 일반적인 세일즈 기술에 대하여도 충분한 연수를 받아야 한다고 하였다. 이것이 내가 말하는 MS와 SS의 적절한 포트폴리오 전략과 상통한다.

넷째, 전문화된 세일즈 인력을 운영하고 새로운 서비스 마인드와 고급 세일즈 기술을 효과적으로 습득하게 하기 위해서는 적당한 인센티브와 보상 시스템이 뒷받침되어야 하며, 점포장은 점포의 운영 및 행정만을 총괄하는 사람이 아니라 세일즈 매니저가 되어야 한다는 것이다.

이제는 최고 경영자나 관리자도 단순한 총괄 리더십을 발휘하는 데 그쳐서는 안 되며, 세일즈 마인드와 스킬을 가지고 있어야 한다는 이야기가 될 것이다.

프양토 대표의 주장을 보면서 그 동안 친절 서비스 차원에 머물던 은행 산업도 이제는 세일즈에 승부를 걸어야 한다는 것을 깨닫게 된다. 은행 산업이 이 정도인데, 다른 서비스 분야는 말할 것도 없다.

4
표 파는 곳, 표 사는 곳

수년 전부터 우리 나라의 고객 만족 우수 기관으로 꼽히는 곳 중의 하나가 철도청이다. 아닌게 아니라 서울역에 가 보거나 기차를 타 보면 철도청의 서비스 개선이 어느 정도 달라졌는지 실감하게 된다. 물론 문제점이 하나도 존재하지 않는다는 것은 아니다.

예전의 철도청 서비스가 어떠했는지는 잘 알 것이다. 심지어 추석이나 설날을 맞아 귀향 차표를 예매해야 할 때 서울역 앞에 길게 늘어선 고객을 향하여 긴 막대기를 휘두르며 질서 관리를 했던 적도 있었다. 고객들은 그 막대기에 머리를 다칠까 봐 쪼그리고 앉아 히히덕거리기도 했었다. 참으로 격세지감을 느끼게 된다.

철도청이 고객 중심의 발상으로 내놓은 아이디어 중 하나가 '표 사는 곳'이다. 예전에는 매표소의 명칭이 '표 파는 곳'으로 되어 있었는데, 이것이야말로 고객 중심이 아닌 철도청 중심의 사고 방식이라는 것이다. 그래서 새로운 청장이 부임하자 고객 중심으로 발상을 바꾸어서 '표 사는 곳'으로 했다는 것이다. 물론 이 아이디어는 철도청 고유의 아이디어는 아니다. 그 훨씬 이전부터 서비스 전문가들은 '표 사는 곳', 아니 더 나아가 '표 사시는 곳'으로 표기해야 한다고 충고해 왔던 것을 새로 부임한 철도청장이 실천했다는 사실이 중요한 것이다. '구슬이 서 말이라도 꿰어야 보배' 아닌가.

우리 나라에서 잘 나가는 어느 은행에서도 그런 발상의 전환을 한 적이 있다. 즉, 그 은행의 '전화 교환실'을 '전화 서비스실'로 개칭한 것이다. 그 은행의 CS 담당자의 말은 이렇다.

"전화 교환실은 단순히 전화를 교환해 주는 곳이라는 개념이다. 여기에는 더욱 친절하고 신속하고 정확하게 교환해 준다는 적극적인 의지나 서비스의 의지가 엿보이지 않는다. 그러나 전화 서비스실이라 하면 단순한 전화 교환은 물론이고 전화를 통하여 고객에게 더 많은 편의를 제공하겠다는 고객 만족의 의지가 스며 있는 것이다."

사실 고객 만족이란 엄청난 아이디어나 이론이 필요한 것이 아니다. 적용해 볼 만한 아이디어는 거의 다 드러난 상태라 할 수 있다. 문제는 그런 아이디어를 실제로 적용하느냐 아니냐 하는 실천의 문제인 것이다. 그 차이가 일류 서비스와 삼류 서비스를 가름하게 된다. 그러기에 사소한 것이나마 철저하게 실천하고자 하는 철도청의 의지가 새삼 대견스럽다.

얼핏 생각하기에는 '표 파는 곳'과 '표 사는 곳'과의 차이는 별로 없다고 생각할 수 있다. 또, '전화 교환실'이나 '전화 서비스실'이나 그게 그거 아니냐하며 괜한 말장난으로 치부할 수도 있을 것이다.

'표 파는 곳'이라고 해서 표를 잘못 사는 것도 아니고 '전화 교환실'이라고 해서 전화 서비스가 부실해지는 것도 아니다.

그러나 서비스는 그렇게 두루뭉실 넘어가는 식이어서는 안 된다. 눈에 보이지 않는 미세한 차이가 엄청난 결과를 가지고 오는 게 바로 서비스 분야이다. 그런 표현을 어떻게 하느냐 하는 것은 단순한 표현의 방식을 넘어 그 기업이 어느 정도 서비스에 관심을 가지고 추구하는지 그 의지를 측정할 수 있는 바로미터가 되기 때문이다.

'표 파는 곳'이란 회사 중심의 발상임과 동시에 단지 표를 판다는 단순한 표현에 불과하다. 이런 것이 바로 MS적 발상이다. 그러나 '표 사는 곳'이란 고객 중심의 발상이다. 즉, 고객에 대한 배려가 숨어 있는 것이다. 어떻게 해서든 고객의 마음에 들려고 애쓰는 노력의 흔적이 엿보인다. 이 하찮은 배려가 고객으로 하여금 그 기업의 서비스에 대해 다시 한 번 생각하게 함과 아울러 그 회사와의 거래를 지속적으로 활성화하게 할 것이다. 이런 것이 SS적 접근이다.

텔러, 셀러

금융 기관에서 창구 서비스를 전담하는 '텔러'에 대해서도 한 번쯤 짚고 넘어가야 하겠다.

텔러는 영어로 'teller'인데, 본래의 뜻은 금전 출납자를 말한다.

영어로 표현하면 'A person employed to receive and pay out money in a bank' 이다. 그런데 재미있는 것은 'tell'의 의미는 '말하다' 이다. 즉 텔러란, 창구에서 금전 출납을 하면서 말로서 고객을 응대하는 사람이라는 의미가 내포되어 있다고 할 수 있다.

나는 이 표현 역시 오늘날의 서비스 상황에 뒤떨어지는 MS적 발상의 용어라고 생각한다.

서비스맨이니 세일즈맨이니 하는 말도 그렇다. 흔히 서비스맨과 세일즈맨을 구분하여 사용하는데, 서비스라는 말의 느낌이 수동적이며 응대 중심이고 정적인 데 비하여 세일즈란 적극적이고 판매 지향적이며 동적인 이미지를 풍긴다.

아울러 서비스맨과 세일즈맨은 남성 우월적인 어의를 가지고 있다. 그래서 여성에게도 보통 서비스맨이나 세일즈맨이란 표현을 쓰고 있으며, 꼭 구분해야 할 경우에 한하여 서비스우먼, 또는 세일즈우먼이라고 한다.

이러한 복잡함을 통합하면서 MS적이기보다는 SS적 어의를 가진 통합 용어로서 나는 'seller'라는 용어를 사용할 것을 주창한다.

seller란 '파는 사람' 이라는 뜻이다. 영어로 표현하면 'a person who sells' 이다. 그리고 그 어감도 teller에 대응되어서 좋다. 셀러는 서비스와 세일즈를 통합하는 개념임과 아울러 '맨' 과 '우먼' 을 구분하지 않아도 되는 중성형 용어이기도 하다. 또한 단순히 서비스맨으로서의 텔러가 아니고 판매 지향의 용어라는 의미에서 훨씬 SS적이라 할 수 있다.

이처럼 고객에게 적극적인 서비스를 제공하고, 한 걸음 더 나아가 고객에게 상품이든 이미지이든 반드시 팔고 말겠다는 의지를 돋보이기 위해서라도 당신의 회사에서부터 셀러(seller)라는 용어를 채택할 용의는 없는지 묻고 싶다.

5
SS의 SERVICE

MS에서의 서비스와 SS에서의 서비스는 그 개념과 내용이 다르다. 당연히 달라져야 한다. 나는 SS에 있어서의 서비스(SERVICE)를 다음과 같이 풀이한다.

S : sale, 판매

지금까지 '서비스의 3요소'라 하여 sincerity(성실), speed(신속), smile(미소)를 꼽았다.

그러나 그것이 바로 MS적 발상이다. 이제 서비스의 제1목표는 뭐니뭐니해도 판매에 있다. 팔지 못하는 것은 서비스가 아니다.

E : enthusiasm, 열성

팔기 위해서는 서비스를 통해 고객을 설득하고 감동시키려는 열성이 있어야 한다. 의무감으로 마지못해 고객을 대하는 단순한 서비스로는 고객을 만족시킬 수도 감동시킬 수도 없다. 종업원 스스로가 서비스에 대한 신념을 갖고 열성을 다해 고객을 대할 때 판매는 이루어진다.

R : revolutionary, 혁신적일 것

서비스는 항상 새롭고 혁신적이어야 한다. 고객의 기대와 욕구는 폭발적으로 증대되고 커지는 속성을 가지고 있다. 그래서 칼 알브레히드는 "고객의 기대는 진화한다"는 유명한 말을 남겼다.
  서비스에 있어서 현상 유지는 곧 퇴보를 의미한다. 또한 서비스는 점진적인 개선으로 고객의 욕구를 따라잡을 수 없어 결국 고객으로부터 외면당하게 된다. 서비스는 혁명적, 혁신적, 파격적이어야만 고객을 감동시킬 수 있게 된다.

V : valuable, 가치 있을 것

서비스는 가치 있는 것이어야 한다. 서비스가 고객과 기업 중 한쪽에는 가치 있고 다른 한쪽에는 희생을 강요하는 것이 되어서는 안 된다. 그렇게 되면 서비스의 지속적인 발전을 기대할 수 없게 된다.

서비스를 통해 응대자와 고객 모두에게 궁극적으로 이익이 되고 가치 있는 것이 될 때 진정한 서비스가 이루어진다. 이처럼 서비스에 있어서도 win-win 전략이 필요한 것이다.

I : impressive, 감명 깊을 것

상대에게 상품이나 이미지를 판다는 것은 쉬운 일이 아니다. 서비스가 인상깊고 감동적일 때 고객의 구매 욕구를 파고들 수 있다. 더욱이 오늘날은 고객 만족을 넘어 고객 감동을 추구하는 시대이다.

감동은 반드시 크고 거창한 것에서 시작되는 것이 아니다. 인간성이 황폐화되고 세상이 각박해질수록 작은 서비스가 의외로 큰 감동을 불러오기도 한다.

감명 깊은 서비스가 지속적으로 제공되어야 고객의 마음이 움직이고 고객이 당신으로부터 유·무형의 무엇인가를 사게 되는 것이다.

C : communication, 커뮤니케이션

서비스는 고객과 응대자 사이의 커뮤니케이션 과정이다. 그리고 그것은 구매자와 판매자의 의사 소통 과정이기도 하다. 원활한 커뮤니케이션을 통해 상품의 가치가 고객에게 전달될 때 고객은 스스로의 의사 결정으로 만족한 구매 행위를 하게 된다.

E : esteem, 존중

서비스는 고객과 응대자가 서로 존중하고 사랑하고 관용하는 인간애와 믿음을 통해 성숙해진다. 그래야만 단순한 상행위가 아닌 인간 관계 차원으로까지 승화될 수 있다.

6
SS맨의 서비스 10계명

발로 뛰는 서비스

서비스라면 창구에서의 '고객 응대' 정도로만 생각하는 경향이 있다. 앉아서 찾아오는 고객을 대하는 것을 서비스로 오해하고 있는 것이다.

은행원도 그렇고 민원실 공무원도 마찬가지이다. 백화점이나 항공사의 직원처럼 고객이 찾아오면 친절하고 상냥하게 응대해서 고객이 기분 좋아하면 잘된 서비스라고 생각하는 것이다. 이러한 것이 바로 MS적인 발상이다.

이제 그런 서비스로 고객을 사로잡기는 힘들다. 그런 식의 소극적인 자세로 현대의 경쟁 사회에서 살아남을 수는 없다. 보다 적극적으로 고객의 욕구를 파악하고, 그 욕구를 충족시켜 주려 노력해야 고객에게 다가갈 수 있는 것이다.

고객이 찾아오기를 기다리기보다는 고객을 찾아 나서야 한다. 목에 힘 주며 무슨 큰 이권인양 생각하던 은행의 대출도 요즘은 세일즈를 하는 시대이다. 내가 근무하고 있는 농협에서는 밤낮을 가리지 않고 언제 어디서든 즉각적으로 대출을 실행하는 '24시간 대출 서비스' 제도를 운용하고 있을 정도이다.

국가나 지방 자치 단체의 민원실도 요즘은 사정이 완전히 달라졌다. 시민의 요구가 있으면 그 해결을 위해 직접 민원인을 찾아 나선다. 발로 뛰는 시대이다.

원래, 서비스는 '앉아서 하는 것'이고 세일즈는 '돌아다니며 하는 것'으로 구분을 했었다. 그래서 '세일즈'라면 'Door to Door', 즉 집집마다 고객을 방문하는 것을 머리에 떠올렸다. 그러나 이젠 그런 구분이 없어진 지 오래이다. 오히려 세일즈 업계에서는 가만히 앉아서도 고객이 찾아오는 세일즈를 하자고 주장하는 반면에 서비스에 있어서는 고객을 찾아 나서 발로 뛰는 적극적인 서비스를 해야 한다고 강조되고 있는 상황이다. 그 어느 쪽이든 이젠 몸으로 부딪혀야 고객이 감동한다. 가만히 앉아서 고객의 마음을 움직일 수는 없는 것이다. 이젠 서비스도 고객을 찾아 나서야 하고 고객이 말하기 전에 고객의 불만과 욕구를 적극적으로 파악하여 해결하는 자세가 필요하다. 그것이 바로 SS맨의 자세이다.

판매 지향의 발상

예전에는 서비스와 세일즈를 구분하여 달리 생각했다. 그래서 서비스맨이라면 '판매' 라는 이미지가 별로 강하게 부각되지 않았다. 고객을 편하게 해 주고 즐겁게 해 주는 것을 서비스라 여겼으며, 인사를 잘 하고 상냥하며, 미소 잘 짓고 전화나 잘 받으면 훌륭한 서비스맨이라 생각했다. 그래서 서비스맨에 대한 교육도 그러한 태도 교육에 중점을 두었다.

물론 그것이 중요하지 않다는 말은 아니다. 기본이 잘 되어야 그 밖의 나머지도 충족될 것이다. 실제로 기본기가 잘 훈련된 사람이 고객에게 좋은 서비스를 제공하고 영업 실적도 좋은 것을 알 수 있다. 고객을 감동시켜 고객의 사랑을 받는 사람들도 따지고 보면 기본기가 잘 훈련된 사람이다.

그러나 이젠 한 걸음 더 나아가야 한다. 서비스를 잘 함으로써 결과적으로 많은 것을 파는 서비스가 아니라, 많은 것을 팔기 위해 처음부터 기획된 서비스를 제공해야 한다는 말이다. '꿩 잡는 게 매' 라는 말도 있다. 미소 잘 짓고 상냥한 사람이 최고의 서비스맨이 아니라 많이 잘 파는 사람이 훌륭한 서비스맨이다.

따라서 서비스맨의 SS적 발상이란 다름 아닌 판매 지향의 발상을 말한다. 전문적인 판매원은 말할 것도 없고 민원실 공무원도 판매 지향의 발상을 하여야 한다. 공무원이 무얼 파느냐고 생각할 수도 있다. 그러나 꼭 물건을 팔아야만 판매가 아니다. 상품 판매도 판매요, 이미지를 파는 것도 판매이며, 고객에게 호감을 팔고 감동을 파는 것도 판매이다.

예를 들어 민원실 공무원이라면 민원인을 대할 때 단순히 친절하게 잘 대해 준다는 차원을 한 단계 뛰어넘어 상대방 민원인에게 어떻게 하면 나의 친절을 팔고, 그가 나의 호감을 사도록 하며 감동을 팔 것인지 생각하는 자세가 필요하다. 그것이 바로 판매 지향의 사고 방식이며 SS적 발상이다.

유연성

서비스맨은 유연해야 한다. 딱딱해서는 안 된다. 고정 관념에 사로잡혀서도 안 되고 고집스러워서도 안 된다.

TPO(Time : 시간, Place : 장소, Person : 상대방, Occasion : 상황)에 따라 유연한 서비스를 제공해야 한다. 때로는 MS적으로, 때로는 SS적으로 대할 줄 알아야 유능한 서비스맨이라 할 수 있다.

격식을 차린 장소이거나 초면의 고객에게는 MS로 고객을 상대해야 할 경우도 있을 것이며, 마음을 터 놓고 지내는 단골 고객에게는 격식이나 정중함보다는 인간적 따뜻함으로 대하여야 할 것이다. 격의 없는 사이라면 '서비스'라는 냄새조차 피워서도 안 될 것이다.

생각해 보라. 아주 친근한 격의 없는 고객에게 '서비스'라든가 '세일즈'라는 틀에 박혀 응대한다면 장사치 같은 인상만 주고 인간적인 정을 느끼지 못할 게 뻔하지 않는가.

만약 사회적 지위가 높은 고객이라면 그에 걸맞는 서비스를 제공해야 할 것이며, 그 반대의 경우에도 그에 걸맞는 서비스를 구사하여야 한다.

사람을 상대하여 서비스하고 세일즈한다는 것은 그렇게 간단한 일이 아니다. 맞닥뜨리는 상황의 종류도 헤아릴 수 없이 많으며, 고객의 유형 또한 각양각색이다.

그렇게 다양한 부류의 사람과 상황 속에서 상대를 감동시키고 판매의 목적을 달성하려면 각양각색, 10인 10색의 서비스가 적절히 조합되어 고객에게 제공되어야 함은 물론이다. 그러한 변신이 가능하도록 유연한 발상을 할 수 있어야만 당신은 진정한 프로가 되는 것이다.

인간 관계적 접근

고객을 고객으로 대하는 것은 서비스에 있어서 하수(下手)가 하는 일이다. 그것이 MS적 태도이다. 고객과의 관계를 인간적 관계로 발전시키고 승화시킬 수 있을 때 당신은 프로 서비스맨이라 할 수 있다.

고객을 고객으로만 대한다면 당연히 형식적이고 목적 지향의 관계가 된다. 아무리 판매 지향의 서비스를 하라고 했지만 고객을 단지 판매의 목표물로만 상대한다면 고객과의 사이에 훈훈함이란 존재하지 않을 것이다. 그것은 기계적이요 술수적인 관계임에 틀림없다.

MS의 벽을 넘어 SS를 구사하는 서비스맨이라면 응대자와 고객이라는 건조한 틀을 깨고 인간 관계적 접근을 시도해야 한다. 고객과의 관계가 인간 관계로 발전하게 되면 둘 사이에 더 이상 서비스니 세일즈니 하는 비즈니스적 냄새가 사라지게 될 것이다.

서비스를 제공하고 세일즈를 추구하면서도 상대방이 그것을 느끼지 못하게 하는 서비스, 이것이야말로 최고 수준의 서비스라 할 수 있다.

지금까지 고객을 상대하면서 나는 200여 명에 달하는 팬을 확보하고 있다. 이를테면 핵심 고객이다. 그러나 교과서적인 표현으로는 '핵심 고객'이라고 하지만 실제에 있어서 그들은 나의 후원자요, 친구요, 언니요, 어머니요, 아버지이기도 하다. 그들은 내가 그들에게 서비스를 한다거나 세일즈를 한다는 그런 비즈니스적 생각조차 하지 않는다. 그들에게 있어서 나는 그들의 건강과 재산을 함께 걱정하는 믿음직한 상담자요, 친구요, 딸이기도 하다.

이쯤 되어야 프로라 할 수 있을 것이요, 이쯤 되면 영업 목표라든가 실적 같은 것 때문에 고민하는 단계를 넘어서게 된다.

서비스맨으로서 인간 관계적 관계를 맺고 있는 고객이 많다는 것은 확실한 자산이 된다. 그런 고객이 많으면 많을수록 당신은 회사 내에서 확고한 위치를 차지하게 되고 신임 받게 될 것이다.

사람 친화적일 것

단순한 서비스맨은 절대로 사람 친화적이 못 된다. 사람을 기피하고 가능하다면 고객과 대면하는 기회가 적기를 기대한다. 고객을 응대하는 기회가 적으면 적을수록 그만큼 몸과 마음이 편할 수 있을 테니까 말이다.

서비스는 사람을 대하는 일이다. 그런데 사람을 대한다는 것은 매우 귀찮고 힘든 일이기 때문에 서비스맨들은 한결같이 "제발 사람 상대하지 않는 곳에서 근무하고 싶다"고 호소한다.

사람을 상대하지 않는 곳에 근무할 수 있다면야 지금 당신이 이 책을 읽을 필요도 없을 것이다. 그러나 당신이 현재 서비스맨이라는 것은 피할 수 없는 현실이다. 어차피 사람을 상대해야만 한다면 이제부터라도 생각을 바꾸는 것이 당신의 정신 건강뿐 아니라 고객을 위해서도 좋을 것이다.

MS적 서비스맨의 공통점은 고객을 기꺼이 대하지 않는다는 것이다. 마지못해 상대하며 형식적이고 틀에 박힌 응대를 하게 된다. 그러나 SS적인 프로 서비스맨은 고객을 적극적으로 찾아 나설 정도로 고객 친화적이요, 사람 친화적이다.

당신이 거래하는 은행이 있을 것이다. 그 곳에 갈 기회가 있다면 유심히 창구 직원을 관찰해 보라. 서비스에 능한 유능한 텔러와 형식적으로 고객을 대하는 보통의 텔러 사이에 어떤 차이점이 있다고 생각되는가.

똑같은 근무 여건에서 다 같이 고객을 상대하는 일을 하건만 탁월한 서비스를 제공하는 텔러를 보면 피곤함을 잊은양 아주 즐겁고 활기차게 사람을 대한다는 사실을 발견하게 될 것이다. 그것이 바로 사람 친화적인 것이다.

그 텔러도 사람 대하기가 귀찮고 힘든 것은 마찬가지일 텐데도 부지런히 일손을 움직이면서 한편으로는 연실 웃으면서 계속 뭔가 종알종알 고객과 대화를 나누는 장면을 보게 될 것이다. 바로 사람 친화적인 사람이기 때문이다.

그러한 친화적 태도는 타고날 수도 있고 의도적일 수도 있다. 어떤 경우이든 상관없다. 설령 타고난 친화력이 없다면 의도적으로라도 사람에게 접근하여 친하게 대할 수 있는 인내력과 노력이 반드시 필요하다.

당신이 진정한 프로 서비스맨이 되고자 한다면 사람 친화적인 사람으로 당신을 탈바꿈시켜야만 된다.

머리를 쓸 것

머리를 쓰지 않고 살아가는 사람은 없을 것이다. 그래도 머리를 쓰는 정도에는 확실히 차이가 있게 마련이다.

이미 말 한대로 MS는 기계적이요, 형식적인 요소가 강하다. 따라서 단순한 MS적 서비스맨이라면 별다른 생각 없이 기계적이고 형식적으로 고객을 상대하기 십상이다.

비행기 탑승시 입구에 서서 인사하는 스튜어디스를 보고 당신은 감격한 적이 있는가? 만약 그런 서비스에 감격했다면 당신의 감격 지수는 매우 낮다고 할 수 있겠다.

일반적으로 스튜어디스를 보고 크게 감동하지 못하는 것은 단순한 동작에 의한 전형적인 MS이기 때문이다(물론 스튜어디스의 여러 임무 중에는 고객 감동형의 언행이 있겠지만 여기에서 내가 말하는 것은 비행기를 탈 때 맞닥뜨리는 몇 가지 상황에서 느끼는 감상을 말하는 것이다).

MS에서 SS로 변화하기 위한 첩경은 무엇보다도 머리를 쓰는 서비스가 되어야 한다는 사실이다. 인사하나를 하더라도 머리를 쓰고 궁리해서 상황에 맞는 적절한 인사를 구사해야 하며, 미소 한 가지에도 어떤 상황에서 어떤 미소가 좋을지를 생각해야 한다.

내가 톱세일즈맨이기 때문에 자신 있게 증언할 수 있는데, 탁월한 세일즈맨과 초보 세일즈맨의 차이는 세일즈 방식에 얼마만큼 탁월한 아이디어가 가미되었느냐 아니냐에 달려 있다고 하겠다.

서비스는 매뉴얼에 적혀 있는 서비스맨의 행동 지침을 그대로 실천한다고 해서 좋은 서비스가 되는 것이 아니다. 프로 서비스맨이란 서비스 매뉴얼을 달달 외우고 실천함으로써 가능한 것이 아니다. 만약 그렇게 해서 프로 서비스맨이 된다면 서비스맨 양성이 그토록 힘들 것도 없을 것이다.

서비스에는 생각이 깃들어야 한다. 즉, 아이디어가 있어야 한다는 말이다. 그것이 없다면 결코 탁월한 서비스도 있을 수 없으며 고객 만족이나 감동도 어렵게 된다.

프로 서비스맨이라면 조직이나 직장에서 요구하는 서비스 기법을 착실히 실천하는 선에서 머물러서는 안 된다. 어떻게 하면 더 좋은 서비스가 될 수 있을지, 어떻게 하면 고객이 나를 더 좋아하고 인간적 관계로 발전시킬 수 있는지, 어떻게 하면 고객이 감동하여 나를 사고 상품을 살 수 있을지를 궁리하고, 또 궁리해야만 한다.

그리하여 번득이는 아이디어가 서비스에 자연스럽게 녹아 나타날 때 당신의 서비스는 고객을 감동시킬 수 있고, 당신은 비로소 프로 서비스맨이 될 수 있는 것이다.

도전 정신

많은 사람들이 내게 묻는다. 프로 세일즈맨이 되는 비결이 뭐냐고. 바로 그 점이 가장 궁금한 모양이다. 지난 10여 년 동안 줄기차게 세일즈의 길을 달려온 사람으로서 곰곰 생각해 본 결과 나는 그 비결의 으뜸을 '엄두'라고 하였다.

말을 바꾸면 프로 세일즈맨이 못 되는 이유는 엄두를 내지 못하기 때문이라는 것이다. 그리하여 그것을 '엄두 못냄 증후군'이라 하여 발표한 바가 있다.

초년병 시절 나 역시 사람들에게 선뜻 접근을 못하고 망설이고 변방에서 변죽만 울리다가 사무실로 되돌아오곤 했던 기억이 있다. 그러던 나는 사무실의 실적 독촉뿐 아니라 안 하고는 버틸 수 없는 상황이었기에 죽을 각오로 덤벼 보았다.

그랬더니 의외로 일이 잘 풀리는 것이 아닌가. 나 스스로도 놀랬다. 고객의 문전에서 그토록 망설였건만 막상 고객과 부딪혀 보니 고객이 나를 못살게 구는 것도 아니요, 고객 역시 정보에 목말라하고 있었던 것이다. 심지어 어떤 고객은 "지금까지 어느 누구도 나에게 예금을 권유한 사람이 없었다"는 말까지 하였다.

그렇게 은행도 많고 타 금융 기관도 많건만 아직껏 예금 권유를 당해 본 적이 없다니. 이것은 무엇을 뜻하는가. 그토록 많은 은행원들과 금융 기관 직원이 있고 서비스니 세일즈니 하지만 실제로 고객에게 도전하는 프로 서비스맨은 절대적으로 적다는 것을 의미하는 것이다.

나는 확신하건대 거의 대부분의 서비스맨들이 건성으로 고객을 대하고 건성으로 영업 추진을 한다고 믿는다. 실제로 열과 성을 다해서 고객을 감동시키고 고객을 함락시키려 애쓰는 서비스맨은 흔하지 않다는 것, 즉 탁월한 서비스맨이나 탁월한 세일즈맨이 많지 않은 것은 서비스나 세일즈가 힘겹고 어려워서가 아니라 그것에 도전하는 사람이 극히 적기 때문이라는 것이 나의 결론이다.

당신이 진정 직장과 고객으로부터 사랑 받는 서비스맨이 되고자 한다면 크게 고민할 것도 없다. 그냥 시작하는 것이다. 우선 도전해 보는 것이다. 엄두를 내 보는 것이다. 그러면 된다. 그러면 당신은 프로가 된다. 확실히 된다. 내가 보증할 수 있다.

투자하라

세상에 공짜는 없다. 이는 진리이다. 뿌린 대로 거두는 것이다.
서비스도 마찬가지이다. 프로 서비스맨이 되려면 그만큼 뿌린 것이 있어야 한다. 투자하지 않고 거둘 것이 있겠는가.

프로와 아마추어의 차이는 투자에 있다. 프로는 아낌없이 미래에 투자한다. 반면, 아마추어는 투자를 아까워한다. 왜냐하면 그의 뇌리에는 미래가 없기 때문이다. 미래가 없으니 투자할 리 만무하고 투자를 안 하니 미래가 있을 리 없다. 이를테면 악순환의 연속이다.

프로 서비스맨이 되려면 투자를 게을리 해서는 안 된다. 서비스에 대해 공부를 하는 것도 투자요, 고객을 어떻게 하면 감동시킬지 궁리하는 것도 투자이다. 고객을 위해 특별히 시간을 할애하는 것도 투자이며, 힘겨움을 무릅쓰고 고객을 찾아 나서는 노력도 투자이다.

많은 노력을 기울이지 않고 당신이 직장 내에서 우뚝 설 수는 없는 것이며, 투자하지 않고 고객이 당신을 사랑할 리 만무하지 않은가.

고객과 인간적 관계를 쌓으려면 솔직히 적지 않은 투자가 있어야 한다. 금전적 투자는 물론이요, 고객에게 깊은 관심을 기울이는 것도 투자이다. 고객에게 관심을 갖고 애경사에 전화라도 해주어야 고객도 당신에게 관심을 가질 것이요, 그래야만 고객도 당신에게 투자하게 되는 것이다.

일가친척, 형제 부모 사이에도 무언가 주는 것(give)이 없으면 돌아오는 것(take)도 없는 게 현실인데, 남과 다름없는 고객과의 관계에서야 말할 필요도 없을 것이다.

금전적 투자도 아끼지 말아야 프로이다. 자기 돈 아까운 줄만 알고 단 한 푼도 투자하지 않고 고객으로부터 과연 어떤 대가를 기대할 수 있단 말인가.

투자해야 한다. 무엇을 어떻게 투자할지는 곰곰이 생각해 보면 여러 가지 아이디어가 나올 것이다. 문제는 관심이요, 고객을 감동시키고자 하는 의지이다.

인간 관계의 황금률이라는 마태복음 7장 12절에 이런 요지의 말이 있다. "그러므로 대접받고 싶은 대로 대접하라."

서비스에 있어서도 이 황금률은 그대로 적용된다.

"고객으로부터 대접받고 싶은 대로 투자할지어다."

장기적 승부

서비스는 장기적인 관점에서 다루어야 한다. MS적 사고 방식은 속전속결식이다. 투자한 가치가 금방 나타나야 무언가 되는 것으로 생각한다. 그러나 그런 조급한 마음을 갖고서는 큰 성과를 거둘 수는 없다.

멀리 미래를 내다보고 고객을 대해야 한다. 지금은 손해를 보는 것처럼 생각될지 모르나 언젠가 반드시 고객이 응답하리라는 확신을 가지고 꾸준히 고객을 관리하고 서비스해야 한다.

당장 눈앞의 이익에만 급급하고 작은 손해조차 허락하지 않는 옹졸함으로 고객을 감동시킬 수는 없는 것이다.

내가 세일즈 분야에 처음 뛰어들었을 때, 나는 처음부터 고객으로부터 계약을 받아 낸다는 생각은 조금도 하지 않았다. 적지 않은 돈을 들여 한 장에 2200원이나 하는 전화 카드로 명함을 만들어 뿌리고 다녔다. 우선 나를 알려야 한다고 믿었기 때문이다. 고객이 나를 알고 나를 믿게 되면 언젠가 고객들이 나를 찾을 것이라는 확신을 가지고 그렇게 했다. 그리고 그 확신은 결국 현실로 나타났던 것이다.

서비스도 마찬가지이다. 고객은 인사 하나 미소 하나에 감동해서 금방 당신을 좋아하고 당신과 거래하게 되는 것이 아니다. 물론 그런 경우가 없는 것도 아니지만, 대개는 지속적인 당신의 서비스를 통해 고객은 당신을 평가하게 될 것이다. 그리고 그 평가 결과에 따라 고객이 당신을 선택하거나 당신을 떠나게 되는 것이다.

그러므로 고객의 반응에 대하여 일희일비할 것이 아니라 서비스에 대한 확신을 가지고 꾸준히 당신의 성심 성의를 고객에게 보이면 된다. 그러면 고객은 결국 당신을 신뢰하고 당신의 팬이 될 것이다.

전문가가 되라

이젠 서비스맨도 전문 지식으로 무장하여야 한다. 서비스는 단순 기능으로 이루어 낼 수 있는 것이 아니다. 철저한 서비스 정신만 가지고 고객을 대하던 시대는 지났다.

고객을 상대하여 웃는 것으로 만족시킬 수 있는 범위는 극히 제한적이다. 고객은 당신의 미소나 상냥함, 친절을 맛보기 위해 당신을 찾는 것이 아니다. 그럼에도 MS적 사고 방식에 젖어 있는 서비스맨들은 나도 모르게 주객이 전도된 생각을 하기 쉽다.

고객이 궁극적으로 원하는 것은 미소나 상냥함이 아니다. 당신을 통해 무언가 도움을 받기를 원한다. 따라서 당신은 고객을 상대함을 통하여 무언가 도움을 줄 수 있어야 한다. 도움, 그것이야말로 진정한 서비스라 할 수 있다.

따라서 당신은 전문가가 되어야 한다. 미소, 친절 따위의 기본적인 서비스 기법에 있어서도 전문가가 되어야 하며, 고객의 심리나 상담 기법에 있어서도 전문가가 되어야 한다. 그리고 당신이 고객의 일을 처리해 주는 과정에서 당신이 다루고 있는 상품이나 업무에 탁월한 전문 지식을 내보일 수 있어야 당신은 진정한 프로가 된다.

순간적인 재치나 말재간으로 고객의 호감을 이끌어 내는 것은 순간적이요 일시적인 것에 지나지 않는다. 고객으로 하여금 진정한 호감과 감동을 느끼게 하는 것은 당신이 탁월한 전문가일 때 가능하게 된다.

따라서 당신은 인사 잘 하고 사람 잘 대하는 단순한 기능인에 머물지 말고 더 많은 공부를 통해 전문가가 되어야 한다.

7
서비스, 하려면 제대로 하라

현대 사회를 흔히 '경쟁의 시대'라고 말한다. 또 '서비스 시대'라고도 한다. 그러나 말들은 그렇게 하지만 정말로 경쟁의 치열함을 실감하고 제대로 된 서비스를 제공하는 경우란 그렇게 많은 것 같지 않다. 진지한 접근이 아니라 흉내내는 정도에 지나지 않는 것 같다.

경영이란 불확실성에 대한 사전 대책이요, 위기에 대한 사전 예방이다. 조금 경기가 좋다고 해서, 또는 장사가 조금 잘 된다고 해서 늘 그럴 줄 알고 배짱을 부리고만 있다가는 머지않아 낭패를 보게 되는 것이 경영이다.

요즘 우리 주변에서 치열한 경쟁을 실감할 수 있는 업종은 하나 둘이 아니다. 독야청청하는 분야는 거의 없다. 한때 잘 나가던 대우나 현대, 지금은 모두 과거의 명성은 오간데없다. 휘청거릴 때쯤 와서 정신차리고 제대로 해보려 하지만 이미 때를 놓치는 경우가 대부분이다.

이런 사례는 대기업만이 아니다. 중소 기업도 마찬가지이다. 그래서인지 요즘 텔레비전 광고를 보면 부쩍 '서비스'를 외치고 '고객'을 부르짖는다. '버스 지나고 손들기'가 아닌가 싶다.

우리가 자주 접하게 되는 주유소를 예로 들어 보겠다. 서비스 경쟁이 가장 극명하게 나타나고 있는 곳이 바로 주유소이다. 경쟁이 어떤지를 실감하게 될 것이다.

건물 바닥까지 형형색색의 도색을 하는가 하면 기둥도 형광 페인트로 울긋불긋하게 해 놓아 어떻게든 고객의 눈에 잘 띄려 안간힘을 쓰고 있다. 초미니 스커트를 입은 여직원이 휘발유를 넣는가 하면, 심지어 인사만 전담하는 마네킹 로보트를 길가에 배치한 곳도 있다. 상품권을 주는가 하면, 여름에는 아이스크림을 제공하는 주유소도 있다. 그럼에도 불구하고 문을 닫는 곳이 하나 둘 나타나고 있다.

그래도 흥하는 곳이 있다

주유소뿐이 아니다. 음식점도 그렇고 옷가게도 그렇고 어느 업종할것없이 독야청청할 수는 없는 것이 현실이다.

그러나 한 가지 알아 둘 것은 제아무리 경쟁이 치열하더라도 흥하는 곳은 있다는 사실이다. 그 업종 전체가 없어지지 않는 한 불황이다 뭐다 해도 끝까지 살아남는 회사(또는 가게)는 있게 마련이다.

불황 중에 호황을 누리고, 치열한 경쟁의 와중에도 여유를 만끽하는 회사(가게)를 꼼꼼히 분석해 보라. 분명히 그럴 만한 이유가 있다. 고객이 줄기차게 그 곳만을 찾는 확실한 이유가 있는 것이다. 도저히 이유를 알 수 없이 장사가 잘 되는 경우란 있을 수 없는 일이다.

흥하는 곳이란 다름 아닌 탁월한 서비스를 제공하는 곳이다. 팔릴 만한 서비스를 제공하기 때문에 망하지 않고 버티는 것이다.

서비스라면 습관적으로 '미소'나 '인사'를 떠올릴지 모르나, 여기서 말하는 서비스란 상품을 비롯한 광범위한 서비스를 말한다. 서비스만 탁월하면 어떤 경우든 흥할 수 있다.

음식을 하려면 기본적으로 그 맛이 같은 부류의 음식점 중에서 단연 최고이어야 한다. 양복점이라면 누가 뭐래도 그 솜씨가 최고이어야 하며, 도·소매점이라면 판매 기술이 최고이어야 한다. 이·미용실이라면 머리에 관한 한 최고이어야 하며, 은행이라면 재테크에 관한 서비스가 뛰어나야 할 것이다.

대충대충 해서 이 엄청난 경쟁의 시대를 헤쳐 나갈 생각은 아예 말아야 한다. 이기려면 강해야 한다. 그러려면 강할 수 있는 노력을 하지 않으면 안 된다. 어떻게 최고가 될 것인지 조사하고 연구하며, 비교하고 개발하며, 개선하고 실천하여야 한다. 그것이 바로 경영이다.

'최고'는 말로만 되는 것이 아니고, 꿈만 꾼다고 이루어지는 것도 아니다. 그만한 노력과 정성을 기울이지 않으면 안 된다. 그런 각오와 노력이 없다면 성공할 수 없는 것이다.

목표는 고객이다

최고냐 아니냐는 고객이 결정한다. 고객이 상품이나 서비스에 대하여 불만을 말하는데, "이 정도면 됐지, 뭘 그러느냐"는 식으로 대응하는 경영자가 의외로 많다.

사장이 제아무리 만족하면 무엇하는가. 고객이 만족해야 한다. 고객의 만족 여하에 경영의 핵심을 둔 것, 그것이 바로 1981년부터 세계적인 경영 기법으로 각광을 받는 '고객 만족 경영' 이다.

사실, 고객을 만족시켜야 경영이 제대로 될 것이라는 것은 평범한 진리이며, 상식 중의 상식이다. 이제 와서 그걸 깨달았다는 것이 오히려 이상할 뿐이다.

그러나 진리는 평범한 데 있고 경영 기법 또한 상식 중에 길이 있다. 경영이란 거창한 이론이 필요한 게 아니다. 누가 '상식'을 철저하게 실천하느냐 아니냐가 문제이다. 고객 만족이 상식이라면 당연히 경영의 목표는 고객에게 맞추어야 하고 '만족'에 맞추어야 한다. 그것이 바로 서비스 혁신이다.

고객만이 장사를 흥하게 할 수도 있고 망하게 할 수도 있다. 어떤 이유든 간에 고객이 거래만 많이 해 주면 그 곳은 살아남고 흥한다. 그래서 고객이 왕이다. '고객이 왕' 이라는 것은 단순한 표어가 아니다. 정말로 고객은 왕이다. 이 점을 얼마나 심각하게 받아들이며 진지하게 접근하느냐에 따라 사업의 성패가 좌우된다.

미국의 어느 백화점에서 2년 전에 판매한 물건을 새 것으로 바꾸어 주었다는 사례는 선진 경영이 무엇인지를 한 마디로 말해 주는 것이다. 한국의 어느 의류 업체가 7년 전에 판매한 옷을 교환해 주었다는 기사에서 서비스가 무엇인지를 느끼게 될 것이다. 세계 최고의 택시 회사 MK(한국인 유봉식 씨가 설립한 회사다)에서는 승객의 짐을 아파트까지 운반해 준다고 했다. 대구의 어느 백화점에서는 손님이 불만을 지적하면 사례금을 지급하고 있으며, 경상북도의 어느 병원에서는 파격적인 서비스 혁신으로 쓰러져 가던 병원을 다시 일으켜 세웠다. 또, 피나는 노력으로 맛에 승부를 걸었던 모 씨는 뼈다귀 감자탕 하나로 큰돈을 벌어들이고 있다.

문제는 고객이요, 서비스이다. 고객이 무엇을 원하는지 알아야 하고, 어떻게 해야 고객이 만족하는지를 알아 내어 그대로 해 주면 된다. 그것이 바로 경영의 핵심이요, 서비스의 요체이다.

서비스, 팔려거든 제대로 하라

회사든 가게든 제대로 운영하려면 고객을 목표로 삼아 제대로 된 서비스를 제공해야 한다. 당장은 조금 손해를 볼지도 모른다. 그러나 꾸준히 도전하라. 섣부른 서비스 개선, 말뿐인 서비스 혁신이 아니라 누가 보아도 감탄할 만한 서비스 혁신을 이루어야 한다. 즉, 사지 않고는 못 배길 서비스를 창출해야 한다.

서비스란 인사나 잘 하고 생글생글 웃는 차원의 것이 아니다. 그 곳에서 취급하는 상품에서부터 점포 분위기, 판매 기술, 그리고 애프터 서비스에 이르기까지 그 모두가 서비스의 범주에 드는 것이다. 지금은 마이카 시대이므로 소문만 났다 하면 1~2백 리 길도 멀다 하지 않고 고객이 찾아가게 되어 있다.

고객이 무엇을 원하는지, 어떤 불만이 있는지, 어떻게 하면 크게 만족하는지, 어떤 서비스이면 고객에게 팔릴 수 있는지를 고객의 입장에서 면밀히 검토하여 과감하게 고쳐 나가면 된다. 그러면 소문난 집이 될 수 있다.

"그게 어디 말처럼 쉽냐"고 반문할지도 모른다. 그러나 사실은 간단하고 쉽다. 다만 그것에 도전조차 하지 않고 생긴 대로, 제멋대로, 자기방식대로 회사를 운영하고 장사를 하기 때문에 크게 흥하는 곳이 적은 것이다.

고객 만족 경영의 원조로 일컬어지는 스칸디나비아 항공사

> **7년 전 바지도 바꾸어 드려요**
>
> 며칠 전 옷장 정리를 하다가 7년 전 구입한 면바지를 발견했다. 이 면바지는 입을 때마다 불편해서 그 동안 입지 않고 옷장 깊숙이 넣어 둔 것이었는데, 막상 버리려고 하니 아깝다는 생각이 들었다. 혹시나 하는 마음에 옷을 만든 회사에 전화를 걸어 자초지종을 설명했다.
> 그런데 뜻밖에도 직원은 친절하게 전화를 받아 주면서 바지를 보아야겠으니 우편으로 보내 달라고 했다. 옷을 보낸 며칠 후 회사 직원으로부터 전화가 걸려 왔다. 바지를 자세히 살펴보니 재단이 잘못 되어 입을 때 불편했던 것이라면서, 입고 싶은 바지를 이야기하면 신제품으로 보내 주겠다고 했다. 결국 8만 8000원짜리 검정색 면바지를 받았다. 하마터면 쓰레기통으로 버려질 뻔했던 7년 전의 바지에 대해 책임감을 느낀 그 의류 업체에 존경심을 느꼈다.
>
> (하략)
>
> — 조선일보 '독자의 의견' (2001. 5.30)

7년만의 일본 출장

지난 1991년 7월 일본 도쿄로 출장을 갔다. 긴자에서 업무를 마치고 택시를 타고 호텔로 돌아가게 되었다. 사전에 택시 요금은 2000엔 정도 나온다는 말을 들었다.

길을 잘 몰라 아침에 눈 여겨 보아 둔 특징 있는 건물을 이야기했고, 우여곡절 끝에 호텔에 도착했다. 택시 요금은 생각보다 2배나 많은 4000엔 정도 나왔다.

요금을 지급했는데 택시 운전기사는 "원래 요금이 얼마나 나오느냐"고 묻고는, "예상보다 더 나온 것 같으니 반씩 손해를 보자"고 했다. 어리둥절해 하는 나에게 운전자는 1000엔을 돌려주었고, "잘 귀국하세요"라는 인사를 했다. 7년 뒤 다시 일본으로 출장을 갔고, 귀국 일정이 바뀌어 하루의 여유가 생겼다. 디즈니랜드를 구경하기로 했다. 호텔측에 물어 보니 디즈니랜드행 리무진 버스 노선은 폐지되었다는 것이었다.

내 이야기를 듣던 한 사람이 도쿄역 앞에 가면 리무진 버스를 탈 수 있다고 했다. 그 말만 믿고 택시를 탔다. 택시 운전기사도 "역 앞에서 리무진 버스를 본 것 같다"고 말해 주었다. 운전 기사는 도쿄역에 도착한 뒤 먼저 내려 리무진 정류장을 찾으러 갔다. 그러나 잠시 후 돌아온 그는 낭패를 본 표정으로 "2년 전에 없어졌다"며 미안해했다.

나는 그의 친절에 감사하며 택시 요금을 지급했다. 그러나 운전 기사는 "그냥 내리세요"라며 요금 받기를 완강히 거부했다. 일본 택시의 친절함은 7년 전이나 지금이나 변함이 없었다.

— 조선일보 '글로벌 에티켓' (2001. 5. 31)

(SAS)는 연간 240억 원의 적자에 허덕이는 회사였다. 그러나 40세의 젊은 사장 얀 칼슨이 부임한 후 고객의 요구와 불만 147가지를 파격적으로 고친 결과 1년만에 650억 원의 흑자를 내는 기업으로 돌아섰다. 이것이 바로 '고객 만족 경영'의 출발이다.

  당신도 할 수 있다. 만약 당신이 무언가 제대로 해 보려는 경영자라면 무엇보다 먼저 팔릴 수 있는 서비스에 도전해야 한다. 그러면 분명히 성공할 수 있다.

8
서비스 신지식인

 서비스맨도 서비스맨 나름이고, 서비스에도 품질이 있다. 최근에 이르러 발군의 실력을 가지고 탁월한 서비스를 제공함으로써 국내적으로 때로는 국제적 명성을 얻는 사람들이 늘어나고 있다. 그들의 서비스를 분석해 보면 확실히 공격적이고 판매 지향적이다. 한 마디로 SS적 발상의 소유자들이다.

 여기에 대표적인 인물 3인을 소개하겠다.

 성공학에 이런 말이 있다. "성공하려면 성공한 사람과 똑같이 하라"고. 내가 가장 신봉하고 좋아하는 말이다. 그런 의미에서 매우 좋은 본보기가 될 것이다.

신라호텔 슈사인 보이 — 황정귀

올해 48세의 황정귀 씨. 그는 신라호텔에서 15년째 구두닦이를 하고 있다.

2000년 3월 2일은 평생 잊지 못할 날이다. 호텔측에서 새 천년을 맞아 남다른 서비스를 실천한 사람을 선정, 그의 서비스를 본받자는 취지에서 처음 마련한 '서비스 신지식인상'을 신라호텔 직원이 아닌 그가 받았기 때문이다.

서비스를 생명처럼 중요시하는 호텔에서 철저한 교육을 받은 쟁쟁한 직원들을 물리치고 별다른 관계도 없는 외부인이 첫번째 수상자가 된 데 대해 일반인들은 의외라는 반응이었지만 호텔 내에서는 아무도 이의를 제기하는 사람이 없었다.

"15년간 단 한 번도 찡그린 얼굴을 본 적이 없다. 늦게 나오거나 안 나온 적도 없다. 면세점과 배차실까지 호텔에서 그를 모르면 간첩이다. 그가 모르는 사람은 호텔 직원이 아니다. 그에게 마음 놓고 사물함 번호를 알려 주어도 된다."

그에 대한 호텔 간부의 찬사이다.

그뿐만이 아니다. 한 지배인은 직원들에게 "황정귀 씨의 미소를 배우라"고 했을 정도고, 이 호텔 교육원장은 "서비스맨이 갖추어야 할 모든 것을 그는 스스로 터득하고 있다"며 그를 높이 평가했다.

그의 서비스 정신을 단적으로 알 수 있는 유명한 일화도 전해지고 있다. 한 직원이 그에게 조금 급하다며 구두를 주고 전화 상담을 했는데, 전화를 끊기도 전에 구두를 깨끗이 닦아 놓았는데,

그 시간은 길어 봐야 2~3분이었다고 한다. 알고 보니 간혹 발생할지 모를 급한 상황에 대비해 비상용 구두 솔과 헝겊을 늘 소지하고 다녔던 것이다.

출근 시간을 강요하는 사람도, 서비스 정신을 설교하는 사람도 없었지만 그는 새벽에 일을 시작하는 몇몇 영업 직원을 위해 스스로 출근 시간을 새벽 5시로 정했고, 미소와 친절, 빠르고 정확한 서비스를 위해 스스로 노력했다. 그리고 '안녕하세요. 고맙습니다. 수고하세요. 죄송합니다' 란 말을 입에 달고 살았다.

황씨가 하루에 닦는 구두는 고정 고객 120명을 포함해 200여 켤레 정도. 한 사람이 늘 같은 구두만 신는 것이 아니니까 그는 수백 켤레의 구두를 외우고 있는 셈이다. 실제로 그는 구두만 보면 어느 부서의 누구 구두인지, 그 사람의 성격이 어떤지도 알 수 있다고 한다.

똑같이 생긴 직원들의 사물함이 누구 것인지, 번호도 수십 개를 줄줄이 외우고 있어 사람들의 감탄을 자아낸다. 사물함에 있는 구두를 닦아 달라는 부탁을 받을 때가 있는데, 처음에는 사물함을 찾고 번호를 확인하느라 애를 먹었지만 이제는 일도 아니다.

고정 고객 120명의 요금은 후불제이다. 명단과 날짜가 모두 머릿속에 있을 뿐, 고객 관리 장부가 따로 있는 것도 아니다. 그저 호텔 내를 한 바퀴 돌아다니면 저절로 생각이 나 특별히 외울 필요도 없다. 그러니까 구두 닦을 사람은 말만 하면 되고, 사물함 구두를 부탁할 사람은 번호만 불러 주면 된다.

그는 확실히 신지식인이요, 프로 서비스맨이다.

철가방 번개 스타―조태훈

서비스로 신지식인이 되고 우리 나라에 번개 신화의 돌풍을 일으킨 철가방 조태훈 씨. 그의 서비스는 중국 음식 배달로도 이렇게 다양한 서비스가 가능하구나 하는 감탄을 자아내기에 충분하다.

그가 헌법 연구실에 짬뽕을 한 그릇을 배달했을 때의 일이다. 배달을 마치고 막 가게로 들어서는데 사장이 안절부절 하면서 그를 불렀다. 방금 배달한 연구실 부장님께서 짬뽕에 담배꽁초가 빠졌다며 절대로 가만 있지 않겠다고 한다는 거다. 헌법을 연구하는 곳이니 얼마나 겁났겠는가.

물론 조태훈 씨의 잘못은 아니다. 그는 헌법 연구실로 달려가서 백배 사죄하였다. 땅에 머리가 닿도록 사과를 했지만 좀처럼 부장의 화가 풀릴 기미가 보이질 않자 사무실 구석에 고개를 숙이고 2시간 동안 사죄하는 뜻으로 벌을 서겠다고 했다.

부장은 자리를 툭툭 털고 일어나서 밖으로 나갔다. 그러나 그는 주인 없는 사무실에서 무려 3시간 가까이 혼자 벌을 섰다. '손님을 실망시킨 건 10초면 족하지만 다시 찾아오게 하는 데는 10년이 걸린다' 라는 말을 떠올리며……

사무실로 돌아온 부장이 놀라서 말했다.

"아니 이 사람 가지 않고 계속 서 있었어?"

당신이 부장이라면 어떻겠는가? 화가 풀린 것은 물론이요, 그 이후 그의 팬이 된 것이다. 한 마디로 감동이 낳은 결과이다. 고객에게 잘못을 사과하려면 적어도 이 정도는 돼야 한다.

그 후 그는 고려대학교 앞의 '설성반점' 으로 자리를 옮겨 한국인이면 거의 다 아는 오토바이 '번개 신화'를 창조하였다. 자장면 하나로 그만큼 유명해진 사람도 없을 것이다.

그는 고객을 탐구하고 서비스 개선에 몰두함으로써 중국집의 서비스를 한 차원 높였다. 뿐만 아니라 그로 인하여 자장면 배달원들이 버젓한 직업인으로 자신감을 갖는 결과를 가져왔고, 제2, 제3의 조태훈을 탄생시키는 본보기가 되었다.

그리고 그는 유명 강사로 전국을 순회하고 있으며, 고려대학교의 강단에도 섰다.

그의 서비스 지론은 어렵고 힘든 것이 아니라 그저 손님의 편의를 먼저 생각하는 것, 그리고 그것을 위해 불편을 하나씩 없애 가는 것이라고 했다. 서비스란 사전적 용어를 그는 '봉사하는 사람' 이외에 '군인'이란 뜻으로 해설하고, 군인 정신은 희생 정신이라면서 서비스도 희생 정신이 가장 중요하다고 강조했다.

그는 세일즈적 서비스로 성공한 이 시대의 영웅이요, 신지식인이다.

리츠칼튼 호텔의 청소부 — 아주엘라

필리핀 출신의 아주엘라 씨는 1974년 당시 27세의 나이로 아메리칸 드림을 꿈꾸며 미국으로 건너왔다. 그녀의 최종 학력은 고등학교 졸업이 다였다. 그런 그녀가 선택할 수 있는 직장은 극히 제한적일 수밖에 없었다.

아주엘라 씨는 20여 년 간을 호텔에서 객실 청소부로 일해 왔으며, 리츠칼튼에서 일하게 된 것은 1991년부터였다. 그녀는 입사

후 리츠칼튼으로부터 TQM에 대한 교육을 받았다.

내용은 주로 최고의 품질(호텔 서비스)을 고객들에게 제공하기 위한 일련의 전사적 노력에 관한 것이었다. 당시 대다수의 동료들은 이러한 교육에 대해 청소라는 허드렛일을 하면서 '웬 품질 경영' 이냐며 가볍게 간과해 버렸다.

하지만 그녀는 달랐다. 그녀는 자신이 하는 일을 결코 누구나 할 수 있고, 단순히 몸으로 때우면 가능한 허드렛일로 여기지 않은 것이다.

"지난 20년간의 경험을 통해 깨달은 점이 하나 있습니다. 투숙객들이 느끼는 호텔에 대한 만족 여부는 대부분 객실 서비스에 의해 좌우되게 마련이죠. 때문에 객실 서비스는 호텔 이미지를 결정짓는 가장 중요한 업무입니다."

그녀의 말이다. 바로 이것이 많은 호텔이 간과(看過)하고 있는 점이라는 것이 그녀의 따끔한 지적이다.

고객이 호텔 서비스와 가장 긴 시간을 마주치게 되는 부분도 따지고 보면 객실이라는 평범한 사실에도 불구하고 대부분의 호텔이나 직원들은 이런 사실에 주목하지 못한다. 특히, 객실 청소와 정돈이라는 서비스는 다른 서비스와는 달리 고객과 서로 얼굴은 맞대지 않은 상태에서 이루어진다. 때문에 더욱 세심한 주의와 노력 그리고 가족과 같은 애정이 필요하다.

"객실 청소를 하면서 언제나 '고객 만족 제일' 이라는 TQM의 구호를 떠올렸죠. 작업을 하면서도 늘 고객을 더욱 만족시키기 위한 더 나은 방법을 생각했습니다. 그리고 이를 실천했죠."

그녀는 객실 서비스의 작은 것 하나 때문에 고객이 호텔에 불만을 갖게 된다는 사실과, 반대로 작은 것 하나에도 감동을 받을 수 있다는 평범한 진리를 현장에서 찾아 낸 것이다.

청소 도구와 비품을 담은 그녀의 카트에는 작은 메모 수첩이 하나 걸려 있다. 수첩 안에는 그녀가 서비스해 왔던 객실 고객들에 대한 특성과 습관 등이 일목요연하게 정리되어 있었다.

이를 통해 그녀는 두번째 오는 고객들에 대해서 그들이 원하는 객실 서비스를 제공하고 있는 것이다. 예를 들어 수건을 많을 필요로 하는 고객, 월스트리트 저널 외에 USA 투데이를 원하는 고객 등 고객마다의 취향과 습관에 서비스를 맞추는 것이다.

그녀는 고객들의 이름을 열심히 외운다. 복도에서 만나는 고객에게 이름과 함께 인사말을 건네면 흠칫 놀라면서도 기분 좋은 인상을 갖는다는 것이 바로 그녀의 이야기다.

그 밖에 그녀는 청소 작업의 생산성 향상을 위해 침대보 정리 비법을 개발했고, 욕실 청소 작업 방법도 개선했다.

리츠칼튼 호텔은 베드메이킹 작업의 과학적인 동작 연구와 실험을 통해 2인 1조의 청소 작업이 가장 효율적이라는 결론을 내렸지만, 그녀는 여기서 한 발 더 나아가 세탁된 침대보를 아예 침대 사이즈에 맞추어 까는 순서의 역순으로 접어 둘 경우 작업 속도가 배가되는 것을 알아 냈다.

그 밖에도 그녀는 현장 지식의 개발뿐 아니라 자신의 현장 지식을 공유했다는 점에서 지식인다운 면모를 다시 한 번 발휘하고 있다.

샌프란시스코 리츠칼튼 호텔 청소부인 아주엘라(Virginia Azuela). 겉보기에 그녀는 여느 청소부와 다름없는, 심지어는 평범하기 그지없어 다소 실망스럽기까지 한 여인지만, 그녀는 리츠칼튼 샌프란시스코(RCSF) 호텔이 1992년 미국의 권위 있는 생산성 및 품질 대상인 말콤 볼드리지 대상을 수여하는 데 결정적인 역할을 한 것으로 평가받고 있다. 그런 공로로 그녀는 호텔 직원에게 주어지는 가장 영예로운 파이브 스타(five star)상을 받기도 하였다.

그녀는 남들이 다 꺼리는 청소부란 직업을 통해서 자신이 맡은 일에 최선을 다해 일의 생산력을 높이고, 호텔 이미지와 매출에 큰 기여를 하게 되었다. 그 결과 자신에게도 최고의 영광인 신지식인이 되었고 2000달러까지 지출할 수 있는 권한을 얻었다. 무료로 2000달러나 쓸 수 있다는 것은 무척 중요한 것을 의미한다. 미국 사회에서 부사장 등 그럴 듯한 직함을 가지고 있는 사람들 대부분도 2000달러를 쓰려면 무려 6명의 결재를 받아야 하기 때문이다.

그녀는 우리 식으로 말하면 국제적인 신지식인이라고 할 수 있겠다.

제2장

e파워 서비스의 행동 지침

1
미소

고객을 상대함에 있어서 기본 표정은 웃는 얼굴이다. 미소는 서비스 마인드의 표현이며, 대인 친화력의 상징이다.

중국 속담에 '웃는 얼굴이 아니면 가게문을 열지 말라'고 했는데, 이는 서비스맨과 웃음의 관계를 가장 잘 나타낸 명언이라 생각된다.

우리 한국인의 기질 중에 반 서비스적인 요소가 몇 가지 있다. 처음 보는 사람에게 낯갈이를 심하게 하고, 대인 친화적이기보다는 경계심을 갖는다는 것 등이다. 그 중에서도 사람을 대할 때 표정이 없거나 굳어 버리는 것이 가장 문제라고 할 수 있다.

외국인들이 우리 나라 사람을 보고 첫인상이 너무 무표정하다고 한다. 심지어 눈초리가 무섭다고도 하고 마치 화난 사람 같다고도 한다. 그 이유는 여러 가지가 있다. 원래 이동 민족이 아닌

정착 민족이었기에 남을 대할 때 굳이 생글생글 웃을 이유가 없었을 뿐 아니라, 워낙 가난에 찌들어 오랜 세월을 살다 보니 표정이 그렇게 되었다는 것이다.

그러나 역사적, 문화적 배경이 어떻든 간에 오늘날 사람을 대하는 서비스맨이 웃는 얼굴이 아니라면 그 자체로 실격이라 할 수 있다. 비교적 오래 전 일인데, 미국의 어느 항공사에 잘 웃지 않는 승무원이 있었다. 그래서 그것이 이유가 되어 해고되었는데, 그가 회사를 상대로 해고 무효 소송을 제기하였다. 그런데 판결인즉, 고객을 상대하는 사람이 상습적으로 웃지 않았다는 것은 일종의 직무 유기에 해당되므로 해고가 정당하다고 판결하였다. 참으로 명판결이 아닐 수 없다.

웃음 띤 마음으로 고객을 보라

서비스 교육 장면을 보면 가장 많은 시간을 할애하는 것 중 하나가 미소 훈련이고 웃음 교육이다.

언젠가 스튜어디스를 대상으로 하는 훈련 장면을 본 적이 있는데, 2~3개월 동안 진행되는 교육 훈련 중에 얼마나 혹독하게 웃음 훈련을 시키는지 나중에는 모두 울고 있었다.

웃음은 상대방의 호감을 사는 도구가 됨과 동시에 그 자체로서 무언의 훌륭한 대화가 된다. 또한 전염 효과가 있어서 웃음 띤 얼굴은 '너'와 '나' 사이에 서로 상호 작용을 하여 기분 좋음이 옮아가게 된다.

또한 웃는 얼굴을 하면 말씨까지 부드럽고 상냥하게 되는 효과를 낳는다. 예를 들어 웃는 얼굴을 하고 "안녕하십니까"라고 말해 보고, 찡그린 얼굴을 하고 "안녕하십니까"라고 말해 보라. 표정에 따라 말씨와 어조가 달라짐을 금방 확인할 수 있을 것이다.

따라서 서비스맨은 반드시 웃음짓는 버릇을 들여야 한다. 서비스에 있어서 웃음이란 그만큼 중요한 것이다. 그럼에도 불구하고 실제 창구에서 만나게 되는 서비스맨들의 표정은 아직도 어색한 미소를 짓거나 억지웃음을 보이곤 한다.

웃음에 대한 교육이나 훈련도 문제는 있다. 친절이나 서비스를 교육하는 것을 보면 하나같이 '김치', '치즈', 또는 '위스키' 등의 발음 훈련 위주이다. 즉, '이' 모음으로 끝나는 단어를 가지고 큰 소리로 발음하면서 '이' 모음을 발음할 때 양쪽 입꼬리를 위로 올리면서 눈꼬리는 밑으로 내릴 것을 강요하는 것이다.

물론 인상학적으로 눈꼬리가 밑으로 쳐지면서 입술 양끝이 위로 올라가는 형상이 가장 아름다운 미소가 된다고 한다. 그러나 그런 억지 춘향격의 미소 훈련은 서비스맨의 입장에서 보면 매우 곤혹스런 것이요, 고객의 입장에서는 쑥스럽기 그지없는 일이다.

웃음은 웃음이며, 미소는 미소다. 즉, 자연스러워야 된다는 말이다. 좋은 미소, 자연스런 미소가 되려면 먼저 마음가짐부터 달라져야 한다. 선한 마음을 가지고 사람을 대해야 선한 미소가 나오고, 웃음 띤 마음을 가져야 웃음다운 웃음이 나온다. 이 점을 명심해야 한다.

고객 대하는 것을 귀찮아 하는 사람이 억지로 미소를 보내 보라. 반드시 얼굴 표정 어디엔가 귀찮음과 어색함의 냄새가 풍긴다.

대인 친화적인 자세로, 웃음을 통하여 고객과 대화를 나눈다는 마음가짐을 가지고, 선한 눈으로 상대를 바라보면서 항상 변함 없이 얼굴에 밝은 미소를 띨 때 고객은 당신에게 호감을 가질 것이며, 당신에게 마음을 열고 성큼 다가올 것이다.

웃음도 상품이다

웃음은 그 자체가 상품이다. 그러므로 서비스맨은 상품인 웃음을 팔 수 있어야 한다. 아니, 팔 수 있는 상품으로서의 웃음을 웃어야 하며, 고객이 기꺼이 살 수 있는 웃음을 표정에 담아 내놓아야 한다.

'웃음을 판다' 면 좋지 않게 생각한다. 술집 여성을 떠올리는 사람도 있을 것이고, 천박하게 생각하는 이도 있을 것이다. 그러나 프로 서비스맨이라면 웃음을 팔아야 한다. 그것은 분명 상품이기 때문이다.

웃음을 팔아야 한다는 인식이 분명하면 어떻게 웃어야 하고 어떻게 미소지어야 할지 각오가 달라진다. 마지못해 웃는 웃음으로는 안 된다. 쓴웃음을 누가 사겠는가.

형식적이 아닌 환한 웃음, 반가움과 정겨움이 넘치는 미소를 팔아야 한다. 웃음은 그 자체가 의사 표현이요, 대화이다. 대화다운 웃음이 되려면 웃음에 무언의 대화가 듬뿍 실려야 한다. '당신을 위해 최선을 다하겠다' 는 의사가 충만한 웃음을 웃어야 한다.

그런 웃음은 저절로 되지 않는다. 많은 훈련과 마음가짐이 필요하다. '치즈' 나 '위스키' 를 외치는 수동적 웃음으로는 안 된다. 철저한 서비스 정신을 담아 반드시 세일즈하겠다는 의도적인 노력을 기울여 철저하게 웃어야 한다. 그래야만이 고객이 당신의 웃음에 반할 것이고, 또 당신의 웃음을 살 것이다. 그것이 바로 SS적인 웃음이다.

2
인사

　서비스에 있어서 인사는 어떤 의미가 있을까?

　서비스 훈련 과정을 보면 의외로 인사 훈련을 많이 시킴을 알게 된다. 실제로 내가 모 교육 기관에서 서비스 전문가 과정을 공부하면서 느낀 것인데, 4~5일간 진행되는 과정 중 아마도 인사 훈련으로 소비한 시간이 반나절은 되는 것 같았다.

　물론 인사는 중요하다. 그것은 고객을 대하는 첫 동작이요, 어프로치의 핵심일 수 있기 때문이다. 그리고 인사는 하나의 '동작'이라는 차원을 넘어 서비스 마인드와도 밀접한 관계를 가지는 것이다.

　인사를 한다는 것 자체가 '당신을 잘 모시겠다'는 의지의 표현이다. 또한 인사를 잘 하는 사람 중에 불친절한 사람이 없고, 친절한 사람 중에 인사를 잘 안 하는 사람이 없다는 사실을 통해서도 인사와 서비스와의 함수 관계를 짐작할 수 있을 것이다.

만약 서비스맨이 고객을 대하는 데 인사를 안 했다고 가정해 보자. 분명히 무언가 부족함이 느껴질 것이고, 서비스맨으로서의 기본이 안 되어 있음을 알게 될 것이다. 즉, 인사가 있는 경우와 없는 경우를 대비해 보면 인사의 가치가 확연히 드러나게 된다.

그러기에 회사마다 나름대로의 인사법을 규정하고 사원들을 열심히 훈련시킨다. 어느 기업의 연수원에 강의차 들렀을 때 복도를 거니는 사람들이 지위 고하, 남녀를 불문하고 무조건 큰 소리로 인사를 하게 한 것을 본 적이 있다. 인사가 직장인의 기본이라고 생각하기 때문일 것이다.

서비스 조직이든 아니든, 어느 직장이든 간에 신입 사원들에게 가장 먼저 시키는 교육이 인사라는 것만 보아도 인사는 사람을 대하는 기본 중의 기본임을 알 수 있다. 그래서 어떤 이들은 '人事(인사)가 萬事(만사)' 라는 김영삼 전 대통령의 명언(?)을 흉내내 '인사(greeting)가 만사' 라고 말하기도 한다.

따라서 서비스맨이라면, 아니 직업인이라면 무엇보다 먼저 인사하는 버릇을 확실히 들여야 한다.

서비스맨의 문제 있는 인사법

요즘의 서비스 교육에서 하는 인사 교육에 무언가 조금 잘못된 것이 있는 것 같다. 서비스 전문 강사들이 서비스맨을 훈련시키는 것을 보면 무언가 석연치 않은 것을 느끼게 된다.

인사를 버릇들이기 위해 열심히 훈련을 시키는 것은 좋은데, 너무 격식에 얽매이는 것 아닌가 싶은 것이다. 15도, 30도, 45도, 60도, 90도 등. 이렇게 각도를 구분해 놓고는 어프로치 때는 30도, 고객과 헤어질 때는 45도 하는 식으로 가르치는 것이다. 과연 어디에서부터 비롯된 논리이며 이론인지 모르겠다. 그야말로 국적 없는 인사법이요, 근거 없는 인사법이라 할 것이다.

물론 한 기업의 모든 사원에게 표준적인 인사법을 가르치는 것은 맞는 일이다. 당연히 그래야 한다. 그러나 인사에 있어서 중요한 것이 어떻게 허리 굽히는 각도이겠는가. 이것은 분명 잘못 되었다고 생각한다. 인사의 목적이 무엇인지를 생각하지 않고 어떻게 하면 멋스러운 인사를 할 것인지, 인사 그 자체에 가치를 두는 발상의 산물이다. 그뿐 아니라 허리를 굽혀 인사하는 모습 자체가 어찌 보면 로봇이나 마네킹 같아 보여서 정이 가지 않는다.

언젠가 우리 사무실에 직원 교육을 위해 서울에서 서비스 전문 강사가 온 적이 있었다. 나는 그 분야에 관심이 많았던 터라 어떤 사람이 와서 어떤 식으로 강의를 하는지 매우 궁금하였고 기대도 많았다.

그런데 나는 그 강사를 맞이하는 순간 크게 실망하고 말았다. 사무소장 앞에 와서 그 여자 강사가 인사를 하는데, 양손을 서로 포개어 배꼽 근처를 덮고, 머리와 허리를 일직선으로 하여 뻣뻣하게 만든 다음 45도 정도 허리를 구부려 로봇처럼 인사를 하는 것이었다. 거기에다 목청을 돋우어 "안녕하세요!" 소리치는 인사말은 어색하기 그지없었다.

더구나 40대 중반의 길쭉하기만 한 몸매의 여자가 그런 모습으로 인사를 하니 우스꽝스럽기도 하였다. 아마 당신도 백화점이나 비행기에서 그런 식의 인사를 받아 본 적이 있을 것이다.

그게 무슨 인사란 말인가. '이게 뭐나' 하는 호기심은 발동될지언정 도무지 호감을 가질 수는 없었다.

그녀가 서비스 강사로서 교육생을 교육시키기 위한 인사법으로 그런 인사를 했다면 조금은 이해할 수 있겠는데, 초빙 강사로 와서 사무소장에게 하는 수인사에서까지 그런 식으로 인사를 할 필요는 없는 것 아니겠는가. 이것이야말로 인사를 왜 하는지, 그 쓰임새를 전혀 고려하지 않은 인사법이라 하겠다.

인사는 당연히 예절의 기본 요소이다. 따라서 고객에게 인사를 하는 것은 무엇보다 먼저 예절을 지킨다는 의미가 있다고 하겠다. 그러나 예절 차원의 인사에만 머문다면 그것도 확실히 아쉬울 것이다.

당신은 서비스맨이다. 서비스를 통하여 고객에게 호감을 주고 궁극적으로 이미지를 팔고 상품을 팔아야 한다. 그렇다면 예절 차원의 인사만으로는 부족할 것이다.

MS 인사, SS 인사

인사에 무엇인가 더 많은 요소가 가미되어야 하고, 내용이 함축되어야 한다. 그러기 위해서는 그리터(greeter)의 인사법으로는 곤란하다. 스튜어디스식(나는 그런 식의 인사를 스튜어디스식 인사라 한다. 왜냐하면 스튜어디스들을 중심으로 파급된 인사법이라고 믿기 때문이다) 인사로 상대방에게 어떤 감흥도 감동도 기대할 수 없다. 당신이 비행기를 탈 때 문 밖에서 대기하며 인사하는 스튜어디스에게서 어떤 감동을 느꼈는지 솔직히 자문해 볼 필요가 있다.

그런 격식 위주의 MS식 인사법으로는 고객 만족도 고객 감동도 있을 수 없다. 더구나 고객을 끌어들여 상품을 판매하기를 기대할 수는 더더욱 없다. 오히려 그런 인사는 고객으로 하여금 사고 싶은 생각을 아예 멀리 날려 보내기 십상이다.

프로 세일즈맨 중에 그런 식의 인사를 하는 사람이 없다는 것은 세일즈에 있어서 그런 식의 인사가 전혀 무용지물임을 반증하는 것이 된다.

나는 창구에서 하루에도 수십 명씩 응대하고 평균 5건의 보험 세일즈를 한다. 그러나 나는 단 한 번도 그런 무미 건조한 인사를 한 적이 없다. 그런 인사로 세일즈가 된다면 왜 안해 보았겠는가.

고객은 인간이다. 기계가 아니다. 그러므로 처음 대하는 인사부터 인간적인 훈훈함과 정이 우러나는 인사를 원한다.

마지못해 하는 격식이나 예법으로서의 인사가 아니라 붙임성 있고 친화적인 인사에 호감을 갖는 것이다. 따라서 인사를 함에 있어서도 상황에 따른 변화가 필수적이다.

예컨대 백화점 개점식 때 하나의 행사로서, 그리고 격식으로서, 또는 그리터(greeter)로서의 임무를 위해 인사를 하게 될 경우에는 당연히 MS식 인사를 하여야 한다. 그건 어디까지나 격식을 차리는 의전적 성격이 강하기 때문이다.

그러나 고객을 반갑게 맞이하기 위한 인사라면, 고객에게 인간적 매력을 느끼게 하기 위한 인사라면, 고객에게 친근함을 주기 위한 인사라면, 고객에게 자연스럽게 어프로치하기 위한 인사라면, 고객에게 한 걸음 더 다가가 상품을 팔기 위한 인사라면 당연히 SS식 인사법을 구사하여야 한다.
그러면 SS식 인사란 무엇인가?

- 허리를 구부린다거나 미소 띤 얼굴을 해야 한다는 인사의 기본은 갖춘다. 그러나 허리 각도에 기계적 기준을 적용하지는 않는다. 편하고 자연스럽게 하면 된다. 그것이 고객에게 더 어필할 수 있다.
- 허리를 구부리는 동작보다는 인사말에 더 큰 비중을 둔다. 인사말만으로도 얼마든지 훌륭한 인사가 되기 때문이다. 특히 민원실이나 은행의 창구에 앉아서 고객을 대하는 서비스맨의 경우, 허리를 구부리는 동작은 근본적으로 의미가 없다. 적절한 인사말으로도 된다.
- 인사말에 혼신의 정성을 담아야 한다. 기계적 음성의 인사는 아무런 효과가 없다. "당신을 진심으로 환영합니다. 저와 거래를 하시지 않겠습니까. 이 상품을 사 주시죠"라는 간절한 염원을 표정과 말씨에 담아 고객에게 정중히 던지는 인사를 한다.
- 그러기 위해서는 틀에 박힌 "안녕하세요" "어서 오세요" 식의 인사말이 되어서는 안 된다. 이것이 바로 MS식 인사말이다. "아휴! 안녕하세요"라고 말할 때 '아휴!'라는 말 한 마디가 MS에서 SS로의 전환을 가져온다. 고객 응대의 간절한 염원을 담으면 자연스레 그런 말이 나오게 되어 있다. "어서 오세요"라는 인사말도 예를 들어 "와! 오랜만이시네요. 어서 오세요"라고 말하면 인사의 맛이 전혀 달라진다.

- 국문학자들은 "안녕하세요" "어서 오세요" 식의 인사말은 서울 지방의 애교어로서 존대어가 아니라고 지적한다. 즉, "안녕하십니까" "어서 오십시오"라고 해야 존대어라는 것이다. 그러나 서비스맨에게 있어 국문법에 딱 맞는 어법을 구사하는 것이 그리 중요한 것은 아니다. 고객에게 붙임성 있는 인사말을 하는 게 중요하다는 사실을 잊어서는 안 된다. "안녕하십니까" "어서 오십시오"가 국문법에 맞는 정확한 인사말일지는 몰라도 친근한 고객에게는 "안녕하세요" 또는 "어서 오세요"가 친근감 있고 감칠맛 나는 인사가 될 수 있다. MS와 SS의 차이가 바로 그런 것이다.
- 전화를 받아 인사를 할 때도 대부분 "감사합니다. ○○○입니다" 또는 "안녕하십니까. ○○○입니다" 식으로 하는 게 통상적이다. 이러한 전화 응대 인사도 어떻게 하는 것이 더 친근감 있고 감칠맛 나는지 연구할 필요가 있다. 나의 경우 "정성을 다해 모시겠습니다. ○○○입니다"라고 말한다. 물론 전자의 인사말보다 호감이 가고 상담을 하고 싶은 욕구를 불러일으키며, 형식적인 인사가 아니라 적극적으로 고객을 위해 무언가 해 보려는 의지가 엿보여서 좋다는 이야기를 고객으로부터 많이 들었다.

3
응대어

　고객에게 어프로치하여 고객을 응대하게 될 때 자주, 많이 쓰이는 용어가 있다. 서비스에서는 이를 가리켜 '응대 용어' 라고도 하고 '기본 용어' 라고도 한다.
　예를 들면 "네" "어서 오십시오" "안녕하십니까" "잘 알겠습니다" "감사합니다" "죄송합니다" "잠시만 기다려 주십시오" "오래 기다리셨습니다" 등이 이에 해당된다.
　서비스맨들에게는 이러한 용어를 많이 훈련시킨다. 특히 입사 초기에 그러하다. 기본 응대 용어를 훈련시키는 이유는 무엇보다도 기본이 잘 훈련된 서비스맨을 만들기 위해서이며, 다음으로는 그러한 말이 입에 배어서 자연스럽게 술술 나오게 하기 위함이다.
　실제로 대부분의 서비스맨들이 기본 응대 용어에 잘 숙달되어 있다. 어디를 가나 이 정도의 용어는 잘 사용하고 있다. 그러나 중요한 것은 그 말에 생명력이 있느냐 없느냐이다.

생명력 있는 응대어 구사

서비스 용어는 생명력이 부여될 때 MS의 울타리를 넘어 SS 용어가 될 수 있다.

특히 우리말은 같은 말이라도 글로 표현했을 때 그것을 어떻게 표현하느냐에 따라 의미가 달라질 수도 있다.

"네"라는 말을 예로 들어 보자. 같은 "네"라도 어떻게 발음하느냐에 따라 감정이 달라짐은 물론 의미까지도 바뀐다. "네"를 말할 때에 목소리를 낮추고 말끝을 길게 하여 "네―"라고 말하면 성의 없는 대답이 됨은 물론 심한 경우 "싫다"고 하는 거부의 의미가 될 수도 있다.

"네"라는 응답은 그 말에 힘을 주어 쾌활하고 화끈하게 할 때 고객의 감정에 와 닿는다. 즉, 같은 말이라도 어떤 발음, 어떤 어조로 하느냐에 따라 말의 감정과 의미가 달라질 수 있으므로 응대 기본 용어에서부터 그러한 변화를 잘 활용하여 사용하여야 한다.

그런 변화가 일상화되고 습관화되면 그 다음에 지속되는 고객과의 대화에서도 같은 분위기가 지배된다. 시작이 좋아야 끝도 좋은 것처럼 응대 용어에서부터 확실한 SS적 요령을 적용해야 그 이후의 대화가 술술 잘 풀리게 된다. 그래서 응대 기본 용어를 훈련시키는 것이지 괜한 노력을 기울이는 것이 아니다.

뿐만 아니라 같은 응답어라도 그냥 "네"라고만 말하는 경우와 "네 그렇게 하겠습니다" 또는 "네 알겠습니다"라는 식으로 뒤에 어떤 말을 추가하느냐에 따라 더욱 성의 있는 SS 기본 용어가 될 수도 있는 것이다.

전화를 받을 때 많이 사용하는 "감사합니다. ○○○입니다"라는 응대 용어도 틀에 박힌 용어를 사용하는 것보다는 "정성으로 모시겠습니다. 소중한 고객으로 모시겠습니다. 저는 ○○○입니다"라고 하거나 또는 "즐거운 주말 되십시오. 행복한 하루 되십시오. 정성을 다하는 ○○○입니다" "행복을 전달하는 ○○○입니다"라고 변형하면 그 말의 감정이 전혀 달라지게 된다.

원리가 그러함에도 불구하고 많은 서비스 업체에서 직원들을 훈련시킬 때 책에 소개되는 공식적인 응대 용어를 생각 없이 도입하여 사용하고 있는 실정이다.

서비스의 수준을 한 단계 더욱 높이려면 응대 용어 같은 기본적인 사항이라도 어떻게 하면 고객의 마음을 움직여 더 많은 것을 팔 수 있을까 하는 SS적 발상과 고민을 하여야 한다.

4
호칭의 위력

　사람들은 호칭에 대하여 많은 관심을 가지고 있다. 호칭 한 마디에 기분이 좋아지고 때로는 매우 불쾌해지기도 한다. 인간의 심리란 그렇게 간사한 것이다.
　언젠가 병원에서 50대 환자가 간호사에게 "아가씨!"라고 부르자 "저는 아가씨가 아니라 간호사예요!"라며 앙칼지게 쏘아붙이는 경우를 본 적이 있다. 반대로, 고객에 대한 호칭이 잘못 되어도 같은 반응이 있을 수 있음을 알아야 한다.
　듣기 좋게 불러 주는 호칭 한 마디에 기분이 좋아져서 사지 않아도 될 물건을 사는 경우가 있는가 하면, 좋은 호칭을 불러 주는 서비스맨에게 호감을 갖게 되어 단골이 되는 수도 있는 것이다.
　고객이 가게에 들어섰을 때 "어서 오십시오"라고 인사하는 것은 너무나 당연하다. 활기찬 인사말에 고객의 기분은 달라지고 가게 안에도 활력이 넘칠 것이다. 이 때 "어서 오십시오"라는 단순한 인사말 뒤에 호칭을 덧붙여서 "어서 오십시오. 사장님!"이라고 한다면 훨씬 친근감이 가고 고객의 기분 또한 좋아질 것이다.

그러나 여기서 짚고 넘어갈 것은, 지금까지의 서비스 교육에서 호칭 사용법이 기계적이고 단순했다는 점이다. 예를 들어 고객에게 '손님'이라는 호칭을 사용하도록 했다면 그것은 문법적으로 또는 예절의 측면에서는 문제될 것이 없을 것이다. 그러나 문제는 없을지 몰라도 특별히 정감 어리거나 고객의 호감을 살 호칭도 아니다. 따라서 그것이야말로 전형적인 MS 호칭이라 하겠다.

호칭은 그것을 어떻게 구사하느냐에 따라 고객이 받아들이는 감정이 다르고, 그 효과에도 큰 차이가 날 수 있다.

사장님이라는 호칭 하나를 놓고 보더라도 "사장님"과 "사장님!"과 "사장님…!"은 다르다는 것이 나의 주장이다.

- "사장님"은 나무랄데없는 MS적 호칭이지만, 감정이 담겨 있지 않은 무미 건조한 호칭이다.
- "사장님!"은 고객에 대한 호의와 정성이 담긴 호칭이라 할 수 있다.
- "사장님…!"은 여운을 통하여 고객에게 "나의 이미지를 사세요", "우리의 상품을 사세요"라는 강한 호소력을 내포한 SS적 호칭이라 할 수 있겠다.

글로 표현하느라 내가 주장하고자 하는 감정이 제대로 전달되었는지는 모르겠으나 눈치가 빠른 서비스맨이라면 호칭 구사의 감정이 충분히 전달되었으리라 믿는다.

　간단한 말 한 마디이지만 구사하는 요령에 따라 그 위력이 의외로 크다 할 수 있다. 따라서 서비스맨은 호칭 구사에도 세심한 전략을 세워야 한다.

호칭을 연호(連呼)하라

　내가 알고 지내는 K씨. 지금은 친한 사이가 되어 부담 없이 전화를 주고받는 사이지만 처음 그녀를 대했을 때는 그렇게 썩 좋은 인상은 아니었다. 좀 차가운 인상으로 붙임성이 없어 보였다. 그런데 나는 그녀와 대화를 나누면서 곧 그녀에게 매료되고 말았다. 그것도 다름 아닌 그녀의 호칭 구사에 끌려들었기 때문이었다.

　그녀는 말끝마다 끈질기게도 호칭을 덧붙이는 것이었다. "안녕하세요, 과장님!"으로 시작된 호칭이 "식사하셨어요, 과장님!" "많이 바쁘시죠, 과장님!" 등, 말끝마다 "과장님! 과장님!" 하면서 호칭을 붙이는 것이 아닌가.

　처음엔 좀 간사스럽게 느껴지기도 하였다. 그러나 그 후 그녀와 몇 번의 통화를 할 기회가 있었는데, 그 때도 그녀의 호칭 연호가 계속되었다. 나는 호기심이 발동하여 그녀가 한 번 통화하는 동안에 몇 번의 호칭을 사용하는지 세어 보았다. 2분 동안 통화를 하는데 무려 35번의 "과장님!"이란 호칭을 사용하는 것이 아닌가. 너무 했다 싶었다.

　그 이후에도 함께 교육을 가서 남들과 대화하는 모습을 지켜보니 모든 사람에게 "예, 교수님" "예, 원장님" 등등의 적절한 호칭을 끊임없이 연호하여 사람들의 혼을 끌어당기고 있었다. 그 때 나는 호칭 구사의 한 원리를 발견하였다.

호칭을 계속 불러대는 것이 MS적 발상으로는 불필요한 일인지 모른다. 오히려 번거롭고 귀에 거슬리기도 할 것이다. 그러나 계속된 호칭의 연호는 알게 모르게 고객을 동화시켜 사람을 끌어당기는 위력을 발휘했던 것이다. 즉, MS적으로는 어긋나는 호칭 구사일지 모르나 SS적으로는 기막힌 호칭 구사의 요령이라고 할 수 있다.

이러한 원리를 서비스맨들은 잘 이해하고 터득해야 한수 위의 서비스맨이 되는 것이다.

그녀는 회사 내에서 가장 인정받고 있는 최고의 직원이다. 갑자기 혜성처럼 나타나서 고객을 사로잡는 데 탁월한 능력을 발휘함으로써 많은 사람들의 부러움을 사고 있는데, 그 비결의 하나가 바로 호칭의 연호임을 나는 일찍감치 간파하고 있었다.

창구에 찾아오는 손님이든 길거리에서 만나는 손임이든 안면 있는 고객에게 "사모님!" "선생님!" "사장님!" 등등의 호칭을 30번씩이나 연호하며 붙임성 있게 응대하는데 어느 누가 K씨를 싫어하겠는가? 그를 따르는 열성 팬을 만들며 나름대로의 자기 이미지 구축에 성공한 케이스이다.

80세 할머니도 아가씨

일본 최고의 장사꾼 시마카와 다케오는 그가 성공하게 된 비결이 여러 가지 있는데, 그 중의 으뜸은 다름 아닌 호칭 구사였다고 말했다.

처음 꼬치 가게를 오픈하고 영업을 시작한 그는 "어서 오십시오"라는 인사말이 너무 평범하고 일상적이어서 손님들의 마음을 사로잡지 못함을 깨달았다.

그는 더 나은 인사말은 없을까 생각하다가 때마침 일본에 사장 시리즈 영화가 히트되면서 '사장'이라는 말이 하나의 유행어처럼 번지자 거기서 힌트를 얻은 것이다. 그래서 그는 즉각 "어서 오십시오. 사장님!"이라고 통일된 호칭을 인사말에 붙여 사용하였다. 결과는 그가 예상한 대로였다.

사장 호칭에 너나할것없이 진짜 사장이 된 기분이 되어 손님들이 매우 흥미 있어 하고 기분 좋아했던 것이다. 그리하여 스스로 단골이 되겠다며 사람들을 몰고 왔다고 한다.

"사장님"이라 부르며 남자 손님을 단골로 확보한 그는 한 걸음 더 나아가 여자 손님에게 사용할 적당한 호칭을 궁리하다가 고민 끝에 "아가씨"라는 파격적인 호칭을 사용하기로 결정하였다. 80세 할머니에게도 무조건 "아가씨"로 말이다.

연령에 맞추어서 일일이 부르기도 어렵고, 또 누가 아가씨인지 아줌마인지 구별하기도 어려운 일 아닌가. 나이를 잘못 예상하여 호칭을 잘못 사용하면 오히려 불쾌감을 줄 수 있기에 "아가씨"라는 호칭에는 친근과 정성의 마음을 담아 진지하게 사용하였다.

그런데 이게 웬일인가. 혹시나 하는 걱정이 없었던 게 아닌데 "사장님"이라고 불리는 남자 손님보다 "아가씨"라고 불리는 여자 손님들이 더 좋아했다고 한다.

나도 여자고 아줌마이지만 아줌마란 호칭에 왠지 낯설고 싫은 경우가 적지 않다. 분명 아줌마이건만 "아가씨"라고 불릴 때 묘한 쾌감을 맛보기도 한다. 그것이 바로 여자의 심리이다.

이렇듯 그의 호칭 전략은 적중하였다.

"아가씨"란 호칭 덕이었을까? 시마카와 다케오 씨는 600원짜리 꼬치 구이를 팔아 2000억 원을 벌어서 성공한 일본인의 신화 같은 한 사람이 되었다.

사장이 아닌 사람에게 "사장님"이라고 했다거나 80세 할머니에게 "아가씨"라고 한 것은 분명 정상이 아니다. 그것은 MS적 발상으로 볼 때 웃기는 짓이요, 무례일 수도 있다.

그러나 고객의 마음을 사로잡겠다는 SS적 발상으로는 얼마든지 가능한 이야기요, 정상이냐 아니냐를 뛰어넘는 기발한 것이다.

영원한 오빠 *

내가 사는 K 아파트 단지에 거주하는 노인 회장 P 할아버지께서 단골로 다니는 우동집이 있다. 그 이름도 거창한 '동경 우동집'. P 할아버지가 그 우동집의 단골이 된 사연을 듣고 너무 재미가 있어서 소개하고자 한다.

저녁을 먹고 9시쯤 출출하기도 하고 따뜻한 국물이 그리워서 언젠가 지나가다 보아 두었던 '동경 우동집'에 들어갔다는 것이다. 그런데 30대 중반의 주인 아주머니가 "아유, 안녕하세요? 오빠. 이쪽으로 앉으세요" 하였다고 한다. P 할아버지는 오빠라는 말에 정신이 아찔했다고 한다.

* 『서비스 이만큼만 해라』(안성묵 외, 삶과 꿈, 2000) 참조.

지금까지 살아오면서 기껏해야 "아저씨", 어쩌다 운 좋으면 "사장님"이 전부였고, 노인 회장이 되고 나서는 "회장님" 정도가 호칭의 전부였는데 오빠라니……. 처음엔 약간 당황스럽기도 하고 장난스럽기도 했지만 기분이 그게 아니더라는 것이다. 심지어 '내가 그렇게 젊어 보이는가' 라는 생각에서부터 '혹시 이 젊은 여인이 내게 생각이 있나' 하는 엉뚱한 상상까지 겹쳐서 어쨌든 기분이 무척 좋았다고 한다.

잠시 후 우동을 내오면서 "뜨겁습니다, 오빠. 천천히 불어 가면서 맛있게 드세요"라고 신경까지 써 주니 정말 누이동생이 오빠에게 하듯 정겹고 따뜻하여 결국 그 P 할아버지는 크게 감동하였고, 고객과 식당 주인이라는 형식적인 관계가 아니라 마치 가족 같은 기분으로 마음의 벽이 열렸다고 한다.

물론 P 할아버지는 그 우동집의 단골이 되었다. 그뿐 아니라 동네방네 소문을 내주어 많은 손님을 끌어다 주었다고 한다. 물론 그 여주인에게는 수많은 오빠가 생겼고.

생각해 보라. 지금껏 많은 우동집을 다녔지만 "어서 오세요. 맛있게 드세요"가 전부였는데, "오빠"라 불러 주어 기분이 너무 좋았고 뜨거우니 천천히 드시라는 자상함까지 곁들이니 어찌 그 우동이 맛있지 않겠는가?

계산하고 갈 때는 "감사합니다. 조심해 가세요, 오빠"라고 상냥하게 인사해, 마치 출근하는 오라버니에게 누이동생이 하는 인사와 같은 포근한 말투에 가슴까지 찡해 왔다는 것이다. 호칭 하나로 완전히 혼을 빼앗겨 버린 케이스이다.

깍듯한 예절, 정중한 인사, 이제 판에 박은 듯한 MS식 서비스로는 결코 고객을 감동시킬 수 없다. 호칭 하나하나에도 SS적 발상이 번뜩이는 아이디어와 재치가 있을 때 당신은 성공하게 될 것이다.

내가 즐겨 부르는 호칭

세일즈 초기에 나는 어떻게 해서 고객들과 친한 관계를 맺을 것인지 고민했었다. 워낙 성격이 내성적이고 사교적이지 않은 관계로 고객들과 농담하거나 너스레를 떠는 것이 내 취향에는 도저히 맞지도 어울리지도 않았다.

더욱이 여성이라는 특성과 한계 때문에 가급적 '돌아다니는 세일즈' 보다는 '앉아서 하는 세일즈' 에 승부를 걸겠다고 결심했었으므로 고객과 어떻게 하여 친밀하고 붙임성 있게 할 것인지가 내게는 절실한 문제였던 것이다. 그러던 어느 날 드디어 나는 결심했다.

창구에서 맞이하는 고객들에게 지방이라는 여건을 고려하여 아예 "어머니", "아버지"라는 호칭을 쓰기로 했던 것이다. 그러나 막상 창구에 나타난 고객에게(물론 중년 이상의 고객이다) "어머니"라고 부르려니 눈치가 보였고, "아버지"라고 부르려니 '얘가 미쳤나' 하고 생각할까 봐 목이 막히는 기분이었다.

하지만 이왕 세일즈에 나선 것, 나는 눈 딱 감고 낯선 고객을 향해 "어머니!" 그리고 "아버지!"를 외쳤다.

상대방들이 어안이 벙벙해 했음은 물론이다. 주위에 있던 동료들도 '쟤가 왜 저러지!' 하는 눈치였다. 그러나 나는 부르고 부르고 또 불렀다.

그 효과는 의외로 크고 대단했다. 이 곳은 도시 지역이라지만 아직도 약간은 시골적 분위기가 있는 곳이다. 창구에서 일을 보기 위해 서성거리던 고객의 입장에서 볼 때, 웬 젊은 여자가 붙임성 있게 "어머니! 어떻게 오셨어요", "아버님! 이쪽으로 오세요"할 때 그 기분이 어떨 것 같은가.

특히 그런 호칭을 쓰게 되니 우선 나부터 고객을 상대하는 것이 공식적이라거나 사무적이 아니고 자연히 친근감 있는 표정과 어조로 더욱 친절하게 응대하게 되었다는 사실이다. 또한 그런 호칭을 쓰면서 내성적이고 붙임성 없던 내 성격도 놀랄 만큼 많이 변했음을 느낀다.

그런 호칭을 들은 고객 중에 나이 지긋한 분들은 우리 영업점에 오면 으레 딸을 찾듯 나를 찾으시고 내가 없으면 아예 일을 보지 않으시는 분도 꽤 많은데, 여러 이유가 있겠지만 그 시작은 호칭에서부터 비롯된 것이라고 나는 믿는다. 내게는 지금 수많은 '어머니'와 '아버지'가 있으며, 그분들 덕에 계속하여 높은 영업 실적을 유지하고 있다.

호칭의 위력, 어찌 보면 별것 아닐 수도 있으나 사람의 마음을 사로잡는 데는 천만금의 보화 같은 효과를 나타내기도 하는 게 호칭임을 알고 나름대로의 아이디어를 가미하여 잘 활용하기를 바란다.

5
명함 활용법

중국 춘추 시대의 공자도 즐겨 사용하였다는 명함은 그 용도가 원래 빈집을 방문했을 때 자기가 다녀갔다는 증표로 사용했다고 한다.

서양에서도 '비지팅 카드'라고 하는 것이 있는데, 16세기 중반 독일에서 이탈리아로 유학을 간 학생이 귀국을 앞두고 스승께 인사를 하러 갔다가 만나지를 못하자 자기 이름을 적은 카드를 남긴 게 명함의 시초가 되었다고 한다.

종이나 비단에 붓으로 붉은색 글씨를 써서 신분을 밝힌 중국의 '명첩'은 인쇄술의 발달로 인해 '명편'으로 널리 쓰이다가 우리나라와 일본으로 퍼져서 각각 '명함'과 '메이시'가 되었다. 우리나라에 명함이 퍼지기 시작한 것은 구한말 개화파 지식인들에 의해서였다.

이렇게 시작된 명함은 이젠 없어서는 안 될 필수품이 되어 버렸다. 비즈니스맨은 물론, 학생, 농민, 심지어는 전업 주부들까지 자신들의 개성에 맞는 명함을 지니고 다니면서 주소, 성명, 전화번호, e-메일 주소, 신분 등을 상세히 적어 자신을 적극적으로 PR하며 사회적 지위와 영향력을 나타내는 상징물로 통용되고 있다.

그러나 서비스맨은 명함을 사용함에 있어서 일반 비즈니스 용도보다 한 수 위의 활용법을 구사할 수 있어야 한다.

조 지라드의 경우

세계적인 자동차 세일즈맨으로 기네스북에 열두 번이나 기록이 올랐다는 판매왕 조 지라드(Joe Girad)의 명함 활용법을 예로 들어 보자.

나는 일 주일 동안에 족히 500장의 명함을 사용한다. 세일즈를 하는 데 있어서는 여러 가지 도구가 필요한데, 만약 나에게 꼭 한 가지 세일즈 도구를 사용하라면 나는 아마 명함을 택할 것이다.
　회사에서 인쇄한 명함은 명함이 아니다. 한 귀퉁이에 이름이 새겨 있는 것 말고는 눈에 뜨일 만한 내용은 아무것도 없기 때문이다.
　나는 회사에서 인쇄해 주는 명함 말고 내가 따로 비용을 부담하여 명함을 만들어 경기장 같은 곳에 가서 명함을 뿌린다. 관중이 열광하는 순간에 안 움큼씩 던진다. 관중들은 대개 일어서기도 하고 고함을 지르고 흔들며 응원한다. 그런 상황에서 나의 행위는 아마 쓸데없이 경기장을 어지럽히는 것으로 생각될지 모른다.

그러나 만약 그 수백 장의 명함 중에 단 하나라도 차를 구입하려거나 또는 구입하려는 사람을 알고 있는 사람의 손에 들어간다면, 나는 그 날 하루를 가치 있게 보낸 셈이 된다.

어떤가? 명함 하나만 가지고도 MS적 발상과 SS적 발상의 차이가 어떤 것인지를 잘 나타내고 있다 할 것이다.

우리는 흔히 명함에 대하여 큰 의미를 부여하지 않는다. 회사에서 규격화된 명함을 만들어 주면 그것을 가지고 단지 자기 자신을 남에게 소개하는 소품 정도로 생각하는 것이다. 이것이 대표적인 MS적 발상인 것이다.

그러나 그런 단순한 발상으로 고객을 감동시킬 수는 없으며, 고객에게 당신을 팔 수는 없는 것이다.

점점 다양해지는 명함

내가 관리하고 있는 명함들을 살펴보면 시대에 따른 명함의 변천을 알 수 있는데, 날이 갈수록 명함의 종류가 다양해지고 그 형식과 내용이 과감해짐을 알게 된다. 심지어 요즘에 와서는 명함인지 홍보물인지 구분이 안 될 정도이다.

예전에는 흰색 바탕에 주소와 전화 번호 그리고 한문으로 이름을 써 놓은 권위주의형 명함이 일반적이었으나, 이제는 그러한 틀에서 벗어나 재질과 모양이 무척 다양해졌다.

어떤 서비스맨이 내게 준 명함을 보면 재질이 한지로 되어 있을 뿐만 아니라 규격도 반듯한 사각형이 아니라 손으로 불규칙하게 찢어 놓은 듯 되어 있어 받는 이로 하여금 강한 인상을 느끼게 한 것도 있다.

또한 예전에는 정치인들이 주로 명함에 사진을 넣었으나, 요즘에는 상대방이 자기를 분명히 기억하게 하기 위해 서비스맨을 비롯한 일반 직장인들도 사진이나 캐리커처를 명함에 넣곤 한다. 그 밖에도 타원형 명함, 구멍이 뚫린 명함, 향기가 나는 명함, 투명한 명함 등등 파격적인 명함이 속속 등장하고 있는 추세다.

디자인만 변한 것이 아니라 보다 확실하게 나를 알리기 위해 여러 아이디어가 가미되고 있는데, 한때는 가장 인기 있던 명함으로 전화 카드 명함이 있었고, 요즈음은 스티커형 명함도 이용되고 있으며, 즉석 복권식 명함, 각종 정보를 담은 엽서형 명함까지 등장하였다.

그 외에도 인터넷 쇼핑몰 등의 할인 서비스를 받을 수 있는 명함 겸용 할인 카드가 등장하고 있고, 심지어 일본에서는 애완용 동물의 사진과 이름, 주인의 연락처를 넣은 동물 명함이 인기를 끌고 있다.

공원에서 애완동물을 데리고 산책하는 사람끼리 주고받는 이 동물 명함은 사람의 명함보다 30~40% 정도 제작비가 더 든다고 한다. 이처럼 명함의 변천과 아이디어가 어디까지 갈지 예측하기 어려울 정도로 다양해지고 있다.

명함 마케팅

일반 직장인에 비해서 사람 만나는 것이 주된 업무인 서비스맨은 명함에 더 많은 아이디어가 가미되곤 한다. 단순히 이름과 직위를 알리는 데서 한 발 더 나아가 자기가 속해 있는 회사의 이미지나 상품 홍보 등 다양한 정보를 담는 매체로서 명함을 활용하고 있다.

S 보험사의 설계사 한경선 씨는 다음과 같이 자신의 이름으로 삼행시를 지어 명함에 인쇄함으로써 고객이 자기를 쉽게 기억하도록 하고 있다.

> 한 : 한국에서 제일 가는 금융 컨설턴트입니다.
> 경 : 경제 설계 자문역으로 고객님을 만나 뵙고 싶습니다.
> 선 : 선택하여 주시면 고객님의 가정을 환하게 비추어 줄 것입니다.

또 하나의 예를 보자.
G 보험사의 L씨(여)는 명함 뒷면에

> 성씨 : 전주 이씨
> 출신 학교 : ○○ 초등학교, ○○ 중학교, ○○ 고등학교,
>   ○○ 대학교
> 가족 관계 : 1남 1녀
> 취미 : 사람만나기

이 외에도 성격과 연봉까지 표시해 놓고 있다.

이렇게 명함에 여러 가지 정보를 기재해 놓음으로써 여러 가지 효과를 노리고 있다.

즉, 전주 이씨 종친회에서 그를 적극적으로 밀어 줄 것이고, ○○ 초등학교, ○○ 중학교, ○○ 고등학교, ○○ 대학의 동문 중에 그녀를 적극적으로 지원하는 사람이 생길 것이다.

또한 가족 관계를 명확하게 해 둠으로써 얼빠진 남성들이 치근덕거리는 귀찮은 일에서 벗어나 본연의 업무를 열심히 할 수 있을 것이며, 자신의 연봉을 당당하게 공개함으로써 여자라거나 보험 설계사라고 무시할 수 있는 사람들에게 당당한 직업인으로서의 자기를 표현하는 수단이 될 수 있었던 것이다.

CS 명함

명함의 본래 기능은 자기를 알리는 것이었다. 그래서 어떻게 하면 자기를 보다 더 효율적으로 알리고 상대방이 오래 기억할 수 있게 하는 것에 아이디어의 초점이 모아졌던 것이다.

그러한 명함의 용도가 요즘에 와서는 단순히 자기를 소개하고 알리는 것을 넘어 CS 경영에 있어 고객 만족도를 높이는 수단으로 확대되고 있다.

예전에는 은행 창구 직원이나 백화점의 판매원이 창구나 매장에서 고객을 상대할 때 명함을 제시하지는 않았었다. 수많은 고객을 상대하는 것이 일상 업무인 그들이 일일이 고객에게 명함을 줄 필요는 없었던 것이다. 그래서 그들은 대개 자기를 알리는 명찰을

패용하고 고객을 상대하곤 하였다.

　그런데 서비스에 있어서 고객의 만족도를 높이기 위하여 이제는 고객과의 거래가 끝나면, 즉 상품이 팔리고 나면 오히려 명함을 건네는 서비스 기법이 활용되고 있는데, 이 때 사용되는 명함이 일명 CS 명함이다.

　예를 들어 고객이 백화점에서 어떤 물건을 구입했거나 보험에 가입했을 경우 고객은 과연 확실한 물건을 산 것인지 또는 보험에 제대로 가입이 된 것인지 일말의 불안함이 있게 마련이다. 이럴 때 환불 절차라든가 또는 불행한 사고를 당했을 때 어떻게 조치하면 될 것인지를 안내하는 명함을 고객에게 건넴으로써 고객의 불안감을 덜어 주고 신뢰를 쌓게 되는데, 바로 그것이 CS 명함인 것이다.

　CS 명함이란 기존의 명함 뒷면에 고객 만족 활동 내용을 홍보하고, 앞면에 판매원의 이름과 매장의 전화 번호를 적어 고객에게 전달하는 것으로서, 구입 상품에 대한 보증과 고객 만족 경영 제도의 홍보에 그 목적이 있다.

　대표적인 사례가 유통 업계에서 잘 알려진 H 유통인데, 그 곳에서는 고객의 심리를 간파하고 사소한 불만까지 없애기 위해서 또 기업 이미지 제고를 위해 CS 명함 제도를 도입하였다.

　CS 명함은 H 유통에서 추진 중인 고객 만족 경영 실현 제도의 하나로, 고객과의 접점(moment of truth)인 판매 사원들에게 본인이 판매한 상품에 대해 책임감을 갖도록 유도하며, 고객에게는 회사에 대한 신뢰감을 높여 고객으로 하여금 안심하고 상품을 구입할 수 있는 백화점이라는 이미지를 구축하기 위해 채택한 것이다.

상품 구입시 고객 모두를 대상으로 명함을 건네되, 고객이 거부할 경우 강요하지는 않는다. 전달 방법은 계산 후 상품을 건넬 때 상품 구입에 대한 감사의 인사말을 먼저 한 후에 본인이 명함을 고객에게 주고 상품을 사용하면서 발생할지 모르는 불편한 사항에 대해 책임을 다할 것이며, 구입 상품의 사용 중에 문제나 문의 사항이 생길 경우 명함에 있는 전화 번호로 연락하도록 안내한다.

명함에 얽힌 나의 사례

나도 처음에는 일반적인 명함을 사용하였다. 이를테면 농협의 CI에 맞춰 디자인된, 소위 규격 명함을 많이 인쇄해서 만나는 사람마다 명함을 '뿌리고' 다녔다. 그러나 내 나름대로는 정성들여 만든 명함이었지만 쓰레기통에서 발견되기 일쑤였다. 그래서 다음으로 활용한 것이 전화 카드 명함이다.

1매당 거금 2500원을 들여서 전화 카드에 이름을 새겨 고객에게 나누어 주었다. 전화 카드를 명함으로 주니 고객들이 신기하게 생각하기도 하고, 어떤 고객은 한 장 더 달라고 하기도 하였다.

전화 카드 명함은 고객의 관심을 끄는 데는 성공하였다. 그러나 투자에 비해서 그 효과가 별로 크지 않았다. 전화 카드로서의 수명이 끝나면 명함으로서의 기능을 함께 상실하는 것이었다. 카드 기능이 다 끝난 명함은 오히려 일반 명함보다 쓰레기통으로 들어갈 확률이 더 높은 것 같았다. 그래서 궁리 끝에 다시 시도한 것이 스티커 명함이다.

명함을 스티커로 만들어서 아무 곳에나 붙일 수 있게 한 것이다. 나는 이 스티커 명함을 참 많이 활용하였다. 명함에 이름 석 자만 새긴 게 아니라 내가 다루고 있는 주요 업무 내용을 인쇄하였고, '친절히 모실테니 필요하면 전화 주십시오' 라는 문구도 삽입하였다. 이 스티커 명함을 고객의 통장에도 붙여 주고, 고객의 집을 방문하였을 때는 가스 배달 연락처나 자장면집 전화 번호 스티커를 붙여 놓는 장소에 내 스티커 명함을 붙여 놓기도 하였다. 이 스티커 명함은 대성공이었다.

나는 스티커 명함에 그치지 않고 여름에는 부채를 활용한 부채 명함도 만들어 사용하였고, 병따개(일명 오프너) 명함도 만들었다. 나중에는 명함과 사은품을 겸하는 전략까지 동원하였다.

여기서 내가 강조하고자 하는 것은 명함이라 하여 고정된 생각에 사로잡히지 말라는 것이다. 고객에게 나를 알리고 고객이 나를 쉽게 기억하고 쉽게 찾게 하는 게 명함의 목적이라면 어떤 형식이든 관계 없는 것 아니겠는가. 이것이 바로 SS적 발상이라고 나는 확신한다.

물론 명함은 여러 종류를 동시에 사용하였다. 흔히들 한 종류의 명함을 사용하는 것이 보통인데, 그것 자체가 고정 관념이요, MS적 발상이다.

어떤 고객에게는 전화 카드 명함을 주고, 어떤 고객에게는 스티커 명함을 건넸으며, 또 어떤 고객에게는 사은품 명함을 주는 식으로 상대와 상황에 따라 다양한 명함 전략을 구사한 것이다.

어떤가? 이 정도는 되어야 프로 서비스맨이라 할 수 있을 것이다. 내가 톱 세일즈맨으로 고객을 사로잡은 것이 결코 우연이 아님을 알 수 있을 것이다. 감탄만 하지 말고 당신도 그렇게 해볼 것을 권해 본다. MS에서 SS로 발상을 바꾸면 새로운 방법이 떠오를 것이다. 당신도 잘할 수 있을 것이다.

명함 교환의 요령

명함 한 장으로 어떻게 하여 고객에게 신뢰감과 친근감을 줄 수 있는지 잘 궁리해 보면 의외의 아이디어가 나올 수 있다.

미국의 어느 컨설팅 회사 사장이 '사장' 이라는 표현 대신에 '이 곳의 책임자' 라는 고객 지향적 호칭을 명함에 씀으로써 고객으로부터 호응을 얻었다는 사례에서 작은 아이디어가 명함의 효용을 배가시킬 수 있음을 알 수 있다. 그러나 그러한 아이디어 못지않게 명함을 상대방에게 어떻게 건네느냐 하는 것도 매우 중요하다.

자신의 얼굴과 다름없는 명함을 바지 뒷주머니에서 꺼내 준다면 상대방이 어떤 인상을 받을 것인가. 또 한 손으로 불쑥 내민다면 그 또한 어떤 인상을 줄 것인가.

그런 경우를 생각해 보면 의외로 명함건네기의 요령도 잘 터득해야 함을 알 수 있을 것이다.

- 만날 약속을 해서 명함을 주고받을 때는 미리 상대방에 대한 정보를 어느 정도 준비하는 자세가 필요하다.
- 명함을 다루는 태도는 그 사람의 인상을 좌우하므로 명함은 돈지갑이나 와이셔츠 주머니에 넣지 말고 깔끔한 명함 지갑에 넣어 가지고 다니는 게 좋다.

- 지저분한 명함, 구겨진 명함, 전화 번호나 주소 등을 고쳐 쓴 명함을 사용해서는 곤란하다.
- 평소 명함을 충분히 가지고 다니는 습관을 들이도록 하자. 간혹, 의외의 일로 명함이 부족하지 않도록 지갑, 수첩 등에 도 여분의 명함을 가지고 다니는 것이 좋다.
- 상대방이 명함이 없을 때를 대비해서 명함 크기의 백지를 몇 장 준비해 두는 것도 하나의 지혜이다. 상대방의 연락처 등을 받을 때는 그 메모지에 상대방이 직접 쓰도록 하는 것이 좋다.
- 명함은 원칙상 간단히 인사나 악수가 끝난 뒤에 교환하는 것이 바른 순서이다. 서양인들은 명함 교환을 서로 알게 되고 나서 교제를 더 한층 긴밀히 하기 위한 예의의 하나로 생각한다. 따라서 서양에서는 비즈니스 관계가 아니면 초면에 명함을 내밀지 않고 충분히 대화가 오가고 서로의 연락처가 필요하다 싶으면 그 때서야 명함을 교환하는 것이 그들의 습성임을 알아 두자. 그러나 근래에 와서는 사람을 만나면 명함부터 건네는 경향이 있다.
- 원래 명함은 윗사람이 먼저 건네는 것이다. 그러나 요즘은 아랫사람이나 용건이 있는 사람이 자기를 소개하는 차원에서 먼저 건네기도 한다.
- 건네야 할 명함을 명함집에서 꺼내면 우선 바른 명함인지를 일견한 후 상대방이 읽기 쉽도록 180도 돌려 잡아 상대방의 가슴높이 정도로 공손히 내민다.
- 자 !의 명함을 한 손으로 건네고 상대방의 명함은 두 손으로

받는다는 이론이 있으나, 이것은 일본식이다. 건방진 인상을 주지 않도록 자기 명함을 건넬 때는 오른손에 명함을 쥐고 왼손으로 오른손을 받치며, 상대방의 명함을 받을 때는 두 손으로 받는다(손가락이 아니라 손바닥을 사용한다).

- 동시에 주고받을 때는 자기 것은 오른손으로, 상대방의 것은 왼손으로 받는다.
- 명함은 정확히 통성명을 하면서 건넨다. 즉, 명함을 내밀면서 "저는 ○○○입니다"라고 자기 소개말을 하는데, 이 때 "저는 이런 사람입니다"라고 말해서는 안 된다.
- 상대방으로부터 명함을 건네 받았을 때는 일단 정중히 명함을 읽어본다. 명함을 받은 후에는 "네. 김 사장님이시군요"라며 상대의 호칭을 확인하면서 가볍게 눈인사를 한다면 한결 성의 있는 태도로 비추어질 수 있다. 이 때 어려운 한자가 있으면 "죄송합니다만, 존함을 어떻게 읽습니까?"하고 물어 보는 것이 좋다.
- 받은 명함은 정성껏 다루어야 한다. 명함을 접거나 명함으로 부채질을 하는 등 손장난을 해서는 안 되며, 뒷주머니에 넣는 등 성의 없게 다루어서도 안 된다. 명함을 받은 즉시 지갑에 넣어 버리거나 대충 책상에 던져 두는 일은 상당한 결례이며, 상대방이 보는 앞에서 명함에 메모를 하거나 낙서를 하는 것 또한 상대방을 무시하는 태도이므로 삼가해야 한다.
- 한 방에 여럿이 있을 경우에는 책임자나 주인에게만 명함을 주어도 무방하다. 만약 모두에게 명함을 건넬 때는 윗사람부터 건넨다.

- 상대방의 명함을 받고 싶을 때는 "죄송합니다만, 만나 뵈온 기념으로 명함을 받고 싶습니다"라고 정중히 말한다.
- 안면이 있으나 만난 지가 오래 되어 자기의 이름을 기억하지 못하는 듯 싶을 때는 또 다시 명함을 주어도 된다. 반면에 초면이라도 자기를 확실히 알고 있을 때는 명함을 건네지 않아도 된다.
- 받은 명함은 앉아서 대화를 나누는 동안 테이블 위에 늘어놓고 이야기를 나눔으로써 상대방을 정확히 지칭하는 데 도움이 된다.
- 앉아서 대화를 나누다가도 명함을 교환할 때는 일어서서 건네는 게 원칙이다.
- 명함이 없을 때는 자기가 예의를 갖추지 못했음을 사과하고, 필요에 따라 이름과 연락처 등을 적은 메모를 건네 준다. 명함이 없다고 얼버무리면서 상대방의 명함만을 받는 것은 결례이다.

고객 명함의 관리와 활용은 이렇게

고객을 상대하다 보면 명함을 받게 되는 경우도 많다. 고객이 준 명함은 인맥이나 가망 고객을 관리하고 활용하는 중요한 수단이 된다. 통성명이나 하고 아무 곳에나 처박아 둔다면 소중한 자원을 버리는 것과 같다. 그러므로 자기 나름의 명함 관리법을 개발하여 활용하도록 하자.

- 명함을 받으면 뒷면이나 여백에 상대방에 대한 사항을 반드시 메모해 두는 습관을 갖자. 그래야 상대방을 기억하기 쉽고 나중에 그를 또 만나게 될 때 화제거리를 발굴해 낼 수 있게 된다. 이 때 메모를 그 사람의 면전에서 하는 것은 결례이다.
  - 만난 날짜, 장소, 만난 이유
  - 소개자의 이름, 소개의 이유
  - 학력이나 경력
  - 상대방의 인상, 대화 내용에 대한 특기 사항
  - 상대방의 업무, 취미, 가족 관계 등
- 명함은 명함 홀더나 명함 바인더에 잘 정리하여 보관하면서 인맥 관리의 자료로 수시 활용한다.
- 보통, 직장(업무) 관계 명함과 개인 관계 명함으로 분류하지만 만나는 사람의 계층이 폭넓을 때에는 직장(회사)별, 업종별, 모임별로도 분류, 정리한다.
- 직장(업무) 관계 명함은 업종별로 나누어 색인을 만들어 관리하고, 개인적인 명함은 이름을 '가나다' 순으로 정리하는 것이 편하다.
- 관리할 명함이 많지 않을 때는 직장 관계든 개인적인 것이든 이름을 '가나다' 순으로 통합, 관리한다.
- 1년에 1회씩(연하장을 주고받는 연말연시가 좋다) 명함을 정리하여 필요 없다고 생각되는 것은 제거하며, 연하장을 통하여 주소가 변경되었음을 알게 되면 정정해 둔다.
- 상대방에 대하여 알게 되는 정보(회사 이동, 전화 번호 변경, 승진 등)는 수시로 명함에 추가로 기재하여 관리한다.

- 오래 된 명함으로, 명함을 준 사람이 직위가 바뀌거나 다른 회사로 전직했다 하더라도 그 명함을 함부로 버려서는 안 된다. 직책이 바뀌어도 그 명함은 그 사람을 사귀어 온 역사적 징표가 된다. 부장이 된 사람에게 "당신의 대리 시절 명함을 가지고 있다"고 말할 때 상대방의 기분이 어떻겠는가. 다만, 오래 된 옛날 명함은 별도로 정리, 보존하는 것이 좋다.
- 요즘은 명함을 분류하여 인명 데이터 베이스를 만들어 주는 회사까지 있다. 당신이 컴퓨터를 다룰 줄 안다면 PC로 입력하여 관리하는 것도 좋다.

제3장

e파워 서비스의 고객 관계

1
고객에 대한 관심과 기억

사람은 누구나 인정받고 싶어한다. 고객 역시 그러한데, 그런 욕구를 충족시켜서 고객을 사로잡는 비결의 하나가 바로 고객을 기억하는 일이다.

사람들 중에는 천부적으로 사람을 잘 기억하는 이가 있다. 미국 민주당 의원과 체신부 장관을 지낸 짐 팔머라는 사람은 5만 명의 사람을 이름의 첫 글자만 들어도 얼굴까지 기억할 만큼 사람을 외우는 것에 뛰어난 재능을 가지고 있었다. 그러나 보통의 사람이라면 상대에 대한 깊은 '관심'이 사람을 기억하는 첩경이 된다.

인간 관계 전문가이면서 심리학자인 에릭 밴은 관심을 '스트로크(stroke)'라고 했는데, 평소의 꾸준한 관심을 통하여 인간 관계가 견고하고 밀접하게 된다는 것이다. 또한 미국의 인간 관계 전문가 카네기는 "친구를 얻으려면 개에게서 배워라"라고 했다.

계산된 생각 없이 그저 관심을 갖고 어루만져 주는 사람에게 개는 호의를 갖는다는 것이다. 그 사람이 바로 자기(개)에게 관심을 보이기 때문이다. 고객도 마찬가지이다. 자기에게 관심을 가져 주는 서비스맨에게 고객도 관심을 갖고 호의를 갖는 것이다. 그런 면에서 개와 사람이 공통적이라고 할 수 있겠다.

사소한 행동을 관찰하고 기억하라

음식점을 하는 사람은 항상 음식이 남겨진 그릇과 친해야 한다는 말이 있다. 음식을 만들어 파는 사람으로서 고객이 남기고 간 음식을 쳐다보는 것만큼 고통스러운 일도 없을 것이다. 그러나 남겨진 음식을 차분히 살펴볼 수 있어야 고객들의 생생한 반응을 읽을 수 있다.

카운터에서 일하는 사람은 어떤 음식이 얼마만큼 팔렸는지만 알게 된다. 그는 그 음식이 고객에게 어떤 반응을 보였는지, 만족했는지 불만족했는지 알 수가 없다. 따라서 잘 팔리던 메뉴가 팔리지 않기 시작해도 그 정확한 원인을 파악할 수가 없다.

그러나 현장에서 고객에게 음식을 날라다 주는 종업원은 어떤 고객이 어떤 음식을 선호하고 어떤 음식을 남기는지 잘 알 수 있다. 단, 고객에게 관심을 갖는다는 전제하에서 말이다.

일본에서 꼬치 구이 장사로 수천 억 원대의 부자가 된 시마카와 다케오는 고객의 기호를 알기 위해서 고객이 남기고 간 음식물 분석을 하였다.

고객이 음식을 남기고 간 이유는 크게 두 가지라고 판단했다.

하나는 맛이 없어서요, 또 하나는 싫어하는 것을 잘못 주문한 경우이다. 그리고 그는 고객이 다시 식당을 찾을 때 직접 서빙을 하면서 고객과 대화를 나누었다. 그리고 "그거 왜 남기세요? 입에 안 맞으세요?"라고 물어서 그렇다고 답할 때는 얼른 다른 방법으로 조리해서 다시 냈다.

"이렇게 소금으로 구운 게 더 맛있는데, 다음부터는 이걸로 해야겠다"라고 말하는 고객이 있으면 그 고객을 잘 기억했다가 다시 식당을 찾았을 때 "○○님은 양념구이를 싫어하시죠? 소금구이로 준비하겠습니다"라고 말하며 주문서에 적었다. 고객은 자신의 식성까지 기억해 주는 것에 감동하여 단골이 되는 것이다.

그러한 작은 관심이 그를 일본 최고 갑부의 한 사람으로 만들었다.

조금만, 조금만 더

세일즈로 정상의 자리를 지키고 있는 나에게 많은 사람들이 그 노하우를 알려 달라고 부탁을 많이 한다. 강의를 가서도 가장 많이 받는 요청이 핵심 노하우가 뭐냐는 것이다.

고객을 사로잡아 전국 최고의 실적을 올리는 데 어떻게 한두 가지 핵심 노하우만으로 되겠는가. 여러 가지 여건과 정성이 어우러져 최고의 실적을 올리는 것인데, 그 중 하나를 꼽으라면 고객에게 조금만 더 깊은 관심을 기울이라고 말하고 싶다.

나는 처음 만나 고객과 상담을 하게 되면 그 고객의 특징을 기억해 두려고 많은 노력을 기울인다. 그리고는 다음에 다시 상담할 기회가 왔을 때 자연스럽게 이름을 불러 주거나, 그 날 입고 왔던 의상에 대해서, 또는 같이 온 아들, 딸에 대해서, 또는 그 날 나누었던 대화 내용에 대해서 말을 한다. 차를 대접하더라도 처음 만났을 때 파악했던 기호를 정확하게 기억하여 그것을 내놓는 것이다. 커피 한 잔을 대접하며 "사모님은 블랙만 드시죠?"라고 말할 때 고객은 의외로 만족해 하며 자기에 대한 관심을 고마워하는 반응을 보인다.

작은 관심으로 고객의 마음을 기쁘게 하고 행복하게 한다면 당신은 이미 프로로서의 자질을 갖추었다고 할 수 있다. 고객들은 엄청나게 큰 기대를 하지 않는다. 단지 자신의 신상에 관해서 조금만 더 관심을 가지고 서비스하면 크게 감동하여 스스로 평생 고객을 자처하게 되는 것이다.

조금만 더 세심하게 고객을 관찰하고, 그것에 맞추어 따뜻한 마음으로 고객을 대하면 고객 역시 당신에게 조금 더 많은 관심을 갖고 따뜻하게 응답할 것이다.

이름을 기억하라

고객에게 관심을 갖고 있다는 증표로서 단연 으뜸이 되는 것이 바로 고객의 이름을 기억하는 것이다.

사람은 자기의 이름을 모든 말 가운데서 가장 자랑스럽고 존귀한 것으로 여긴다. 카네기의 성공 비결 역시 어릴 적부터 인간들이 자기 이름 석 자에 대하여서 비상한 관심을 가지고 있다는 데 착안하여 그들의 이름을 불러 성공하였다. 미국의 대통령이었던 루즈벨트도 사람들의 호감을 얻는 가장 평범하고도 중요한 방법으로 이름을 기억하는 것을 꼽았다.

나폴레옹 3세는 자기야말로 타인의 이름을 가장 많이 기억하고 있다고 공언한 바 있다. 그의 이름 기억법은 간단하다. 상대의 이름을 분명히 알아듣지 못했을 경우에는 "미안하지만 다시 한 번 말씀해 주십시오"라고 정중히 부탁했다. 만약 그 이름을 기억하기가 어려우면 한 자 한 자 또박또박 되물었다. 그리고 대화 도중에 몇 번이고 상대의 이름을 부르며 용모와 연결하여 기억하려고 애썼다.

이름이라는 것을 하나의 기호로 보아서는 안 된다. 이름 하나하나에 담겨진 사람들의 한없는 집착과 관심을 읽는 것이 중요한 일이다. 누구든지 타인에게 이름이 잊혀졌다는 것은 자기의 존재가 잊혀지는 것으로 생각한다. 그러므로 상대의 이름을 자주 불러 관심도를 강조해 주면 그는 강한 인상을 받게 된다.

서비스 신지식인의 대표격인 LA 리츠칼튼 호텔의 청소부, 버지니아 아주엘라가 어떻게 고객을 사로잡았는지를 알려 주는 매일경제신문 특집 기사를 보자.

청소 도구의 비품을 담은 그녀의 손수레에는 작은 수첩이 하나 달려 있다. 여기에는 그녀가 일했던 객실 고객들에 대한 특성과 습관 등이 일목요연하게 정리되어 있다. 그것을 통해 그녀는 다시 찾아온 고객에게 그들이 원하는 객실 서비스를 하고 잇다. 예를 들면 수건을 많이 쓰는 고객이나 객실 비품의 위치를 바꾸어 주기를 원하는 고객, 월스트리트 저널 외에 뉴스 투데이를 원하는 고객 등 고객의 취향과 습관에 맞추어 서비스한다고 한다.

그녀가 웬만한 고객의 이름까지 외우는 까닭은 바로 이런 노력과 관심 때문이다. 복도에서 만나는 투숙객에게 이름을 부르면서 인사하면 흠칫 놀라면서도 몹시 기분 좋아한다는 것이다.

어느 심리학자는 "타인의 이름을 부르는 것은 그 사람의 영혼을 일깨우는 것과 같다"고 말했다. 이는 자신에게는 자기의 이름만큼 소중한 것이 없다는 뜻이다. 그 소중한 이름을 기억해 준다는 것은 그만큼 그 고객을 존중하고 있다는 의미가 된다.

사소한 기억에 고객은 감동한다

내가 관리하고 있는 고객은 수천 명에 이른다. 핵심 고객만도 200명이 넘는다. 나는 그들의 자산뿐 아니라, 흔히 하는 말로 숟가락이 몇 개 있는지까지 일일이 다 기억하려고 애쓰고 있다.

길에서, 사무실에서, 또는 어디에서 만나든 나는 그들의 안부에서부터 딸, 아들의 사소한 안부까지 다 챙긴다.

예를 들자면 "큰아드님 이름이 뭐였지? 그래 경수지. 경수가 이번 학기 시험에 전교 1등을 했다면서요. 축하드립니다. 작은 따님 지나도 잘 있죠? 지난번에 길에서 우연히 만났는데, 어쩜 그렇게 인사성이 좋은지 참 기특하더군요." 하는 식이다. 고객이 흡족해함은 물론이다.

고객은 항상 자기 위주로 생각한다. 한 번 거래를 한 후부터는 자기를 기억하여 주기를 바란다. 고객은 당신을 알아보고 인사를 하는데 당신은 고객을 알아 주지 못한다면 고객은 실망해서 등을 돌린다.

그렇다고 엄청난 것을 기억해 달라고 하지 않는다. 오히려 작은 것, 사소한 것들을 기억해 줄수록 고객은 더 감동한다. 큰 정보는 누구나 다 기억할 것이기 때문이다.

사소한 것을 기억하려면 그만큼 세심한 관심을 평소에 줄기차게 기울여야 한다. 관심을 갖고 고객의 정보를 관리하며 고객의 작은 불만도 귀담아 들으려는 각고의 노력을 할 때 당신은 탁월한 프로 서비스맨이 되는 것이다.

2
고객 심리 10가지
- 집단 이행 심리 -

사람은 고독을 싫어한다. 그러므로 누군가와 어울려 공동체적 삶을 영위하려 한다. 즉, 집단을 이루려 하며 집단의 의사 결정에 따르려는 심리가 작용한다. 결혼이란 것도 자기의 나머지 반쪽을 찾아 헤매는 인간의 본능적 결과라고 풀이하는 사람도 있을 정도이다.

사람은 본능적으로 남에게 의존하려 한다. 그래서 어떤 이들은 한문의 사람을 뜻하는 '人' 자도 서로 의지하려는 인간의 본성을 나타낸 것으로 해석하기도 한다. 서비스나 세일즈에서 나타나는 고객의 심리도 이러한 의존적 집단 이행(集團移行)의 심리를 그대로 타나태고 있다.

지금도 가끔 볼 수 있지만, 넥타이나 소품 등을 가지고 직장마다 직접 방문하여 물건을 파는 사람이 있다. 이 때 그 물건이 좋으면 자기 혼자 슬쩍 사면 그만인데, 혼자 몰래 사는 것이 아니라 "어이! 김 대리, 박 과장!" 하며 주위 사람들을 다 불러모아 물건을 사게 만든다.

왜 그럴까? 사촌이 땅을 사도 배 아파 하는 우리네인데 왜 이렇게 남에게 좋은 정보를 제공하며 좋은(?) 물건을 사게 만들까. 이것은 망해도 함께 망하고 속아도 함께 속자는 심리 때문이요, 집단이 함께 하는 짓에 동참하려 하는 집단 이행의 본능 때문이다. 즉, 타인들과 공동 행위를 함으로써 심리적 안정을 누리려는 것이다. 흔히 말하는 뇌동 매매도 그래서 발생한다.

또 하나의 예를 들자면, 어떤 음식점이 잘 된다 싶으면 인정사정 볼것없이 그 집으로 고객이 몰리는 현상이 나타난다. 그 옆집의 음식점도 사실 맛이나 서비스에 있어서 전혀 손색이 없건만 이상하게도 한 집에만 몰리는 것이다. 이 역시 고객의 집단 이행 심리 때문이다.

이러한 집단 이행의 심리는 서비스에 있어서 잘 활용할 수가 있다. 즉, 창구에서 예금을 안내할 경우라도 사무적으로 공손히, 그리고 친절하고 자세히 설명하는 것으로 다 되는 것이 아니다. 그것이 곧 MS적 서비스이다. 그런 경우 "요즘 다른 고객들도 이 예금을 즐겨 가입하십니다", "이 상품이 요즘 가장 인기 있는 것입니다"라고 슬쩍 고객의 집단 이행 심리를 자극함으로써 판매를 부추길 수 있게 된다. 이게 바로 고객의 심리를 활용하여 세일즈적 서비스(SS)를 하는 것이다.

때로는 고객이 물건을 사고 난 후 확신을 못할 때 "요즘 그 물건이 가장 많이 팔리는 인기 품목"이라고 한 마디 던짐으로써 고객의 집단 이행 심리를 자극함은 물론 고객을 안심시킬 수도 있는 것이다.

비교 심리

사상(事象)을 서로 비교하고자 하는 것은 인간의 기본 심리이다. 그래서 고객은 거의 비슷한 업무를 수행하는 은행간에 서로 비교하려 하며, 같은 물건을 판매하는 상점간의 서비스를 비교하려 한다.

인간의 심리란 묘한 것이어서 절대적 빈곤보다 상대적 빈곤에 더 기분 나빠 한다. 그래서 옛 성현이 말씀하길 "모든 불평 불만은 부족한 것으로부터 나오는 것이 아니라 불공평한 데에서부터 비롯된다"고 하였다.

모든 기업이나 점포의 서비스가 다 좋지 못하다면 고객은 비교의 대상이 없기 때문에 기분 나쁠 것도 없고 불만족함도 느끼지 못하게 된다. 모두들 서비스가 나쁘다면 과연 서비스라는 개념조차 존재할지도 의문이다.

그러나 현실은 그렇지 못하다. 고객들은 이곳 저곳에서 서비스를 받아 보기 때문에 자연히 비교하게 되어 있다. 더구나 요즘은 지구촌 시대이다. 지구 전체가 하나의 마을처럼 되어 있다. 통신 수단이 엄청 발달하여서 지구 구석구석의 소식이 동시에 전달된다. 따라서 우리 나라에서만 제일 서비스가 좋다는 것으로 문제가 해결되지 않는다. 왜냐하면 사람들은 세계 최고의 서비스가 어떤 수준인지를 너무나 잘 알고 있기 때문이다.

고객의 안목은 이미 세계 최고의 수준이 되어 있는데, 엉성한 서비스로 자기 것이 최고인 줄 알고 있는 것은 큰 착각이라고 할 수 있다.

고객은 모른 체 하지만 다 알고 있다. 안 그런 척 하며 세세히 비교한다. 그 비교에서 뒤떨어진다면 냉담히 돌아서는 게 고객이다. 따라서 고객의 면밀한 비교에 걸리는 일이 없도록 해야 한다. 그렇기 위해서는 세계 제일의 서비스를 추구할 수밖에 없다.

신경질과 조급 심리

한국인의 조급증은 세계적으로 정평이 나 있다. 한국인 관광객들이 세계 구석구석에서 얼마나 급한 성격을 보여 주었으면 태국에서도 한국인을 보고 "빨리 빨리"를 외치고, 프랑스에서도 한국인의 특징으로 "빨리 빨리"를 꼽을 정도이다.

식당에서, 또는 관광 버스를 타고 내릴 때 "빨리 빨리"를 외치는 우리네를 보고 그들이 깨달은 것이다.

우리의 조급증은 정말 대단해서 아침부터 잠자리에 들어갈 때까지 "빨리"를 줄기차게 강조한다. "빨리 일어나라" "빨리 밥먹어라" "어서 학교에 가라" "빨리 잠자라" 심지어 고객에 대한 인사말조차 "어서 오세요"이다.

조급하다는 것은 말을 바꾸면 그만큼 신경질적이라는 것이 된다. 성질 급한 사람 중에 신경질적이지 않은 이를 발견하기 어렵고, 신경질적인 사람 중에 성질 느긋한 이가 드문 것만 보아도 조급증과 신경질과의 함수 관계를 알 수 있다.

우리들 한국인의 성격적 특질이 그런 것이라면, 바로 우리 서비스맨들도 그런 기질을 가지고 있으며 상대해야 할 고객 역시 그러하다는 것을 의미한다. 따라서 제대로 된 서비스를 제공하려면 무엇보다도 이러한 한국인의 성격적, 기질적 특징을 잘 이해하여야 한다.

즉, 서비스맨은 스스로가 신경질적인 기질을 가지고 있음을 바로 인식하고 자신을 마인드 컨트롤하는 데 많은 노력을 기울여야 한다. 그렇지 않을 경우 서비스맨의 언행에서 반(反)서비스적인 행태가 노출될 확률이 높아진다. 신경질이란 프로 서비스맨이 되는 데에 결코 도움이 되는 기질이 아니기 때문이다.

또한 고객이 신경질적 기질이 있다는 것은 서비스맨으로서는 상당히 곤혹스런 일이 될 것이다. 서비스가 조금만 만족스럽지 못하면 대뜸 신경질적인 반응이 나올 것이요, 나중에는 싸움까지 해야 하는 상황도 생길 수 있기 때문이다. 즉, 뇌관이 노출된 지뢰를 밟는 심정으로 고객을 상대해야 한다는 말이 된다.

따라서 당신이 정말 유능한 서비스맨이 되려면 이러한 우리네의 심리 상태를 바르게 이해하고, 그에 대한 대책을 세워야 한다.

친화 심리

사람은 근본적으로 다른 사람과 친해지고 싶은 욕구를 가지고 있다. 왜냐하면 인간은 사회적 동물이기 때문이다. 외톨이가 되면 누구나 외로워하고 쓸쓸해 한다. 그래서 사람을 사귀려 하는 것이다.

고객 역시 예외는 아니다. 서비스맨들은 자기가 고객에게 접근하면 고객이 귀찮아하고 싫어할 것으로 미리 짐작하는데, 꼭 그런 것만은 아니라는 사실에 주목해야 한다. 서비스맨이나 세일즈맨이 영업적 목적을 위해 치근거리며 귀찮게 한다면 물론 싫어할 것이다. 그러나 고객의 마음 한구석에는 유능한 은행원이나 민원실 공무원, 또는 보험 회사 직원 한 사람쯤 사귀고 싶은 심리가 분명히 자리잡고 있다.

이러한 친화 욕구는 불안이나 공포를 느끼게 하는 상황에 처해 있을 때 더욱 강하게 나타난다. 예를 들어 병원이나 경찰서 같은 곳에 갈 일이 있게 되면 거의 모든 사람들이 그 곳에 혹시 아는 사람이 없나 하는 생각을 하게 될 뿐 아니라 그 곳에 온 다른 사람(고객)과 생면부지임에도 불구하고 금방 친숙한 사이로 변하게 된다는 것이다.

또한 자기의 불안한 심리를 해소하고 안정을 바라는 마음에서 그 곳의 종사자(간호사나 의사 또는 경찰관)와 친해질 수 있는 기회가 있기를 기대하게 된다.

정도의 차이는 있지만 불안함이나 공포감의 유발이 없는 일반 서비스 업체에 갔을 때도 고객은 그 곳의 접객원(서비스맨)과 가급적 친숙한 관계를 유지하고 싶은 욕구를 갖는 것이 일반적인 고객의 심리이다.

이런 고객의 심리를 이해한다면 역으로 서비스맨이 고객에게 적극적으로 접근해도 좋다는 이야기가 된다. 물론 앞에서 지적한 대로 치근거리는 귀찮은 존재로서가 아니라 무언가 도움을 줄 수 있다는 전제하에서 그러하다. 따라서 서비스맨은 고객에게 어떤 도움을 줄 수 있도록 노력해야 한다.

자존 심리

사람은 누구나 자존심을 가지고 있다. 이는 우월감과는 다른 개념이다. 자존심이 자신의 위치를 지키고 품위를 높이려는 마음임에 비하여 우월감은 자기가 남보다 뛰어나다고 느끼는 것이다.

자존심은 자기의 가치를 지키고자 하는 최소한의 존재 의식이다. 자존심은 그것이 강하냐 약하냐의 정도의 차이는 있을지언정 인간 누구나가 가지고 있는 본성이다.

그러므로 인간은 자기 자신을 가장 사랑하고 남으로부터 존경받기를 바라는 심성이 있어서 다음과 같은 욕구가 생긴다.

- 사람은 누구나 자기 중심주의가 된다.
- 이 세상 누구보다도 자기 자신에 대하여 흥미를 갖게 된다.
- 자기를 무엇보다 가장 중요하다고 생각하며, 또한 중요한 존재이기를 바라고 있다.
- 다른 사람으로부터 인정을 받음으로써 자기 자신을 확인하려고 한다.

고객을 상대할 때에 이러한 자존심을 건드려서는 안 된다.
"이게 얼맙니까?" 하고 묻는 고객에게 "그건 비싼 거요"라고 대답한다면 '당신은 보아하니 그 정도 물건을 살 형편이 못된다' 는 무언의 암시요, 자존심을 건드리는 것이다.

은행에서 고액 거래선과 소액 거래자를 차별 대우하는 것은 섭외와 마케팅의 능률면에서 본다면 당연할지 모르나, 고객 심리 측면에서는 매우 조심스런 것이다.

법 앞에 만인이 평등하듯 서비스 앞에서 기본적으로 만인은 평등해야 한다. 반면에 고객의 자존심을 건드려 상품 판매와 계약을 성사시키는 방법도 있다.

고객은 무시당한다고 생각하고 능력이 절하되어 평가된다고 생각되면 자존심이 머리를 들게 된다. 그리고 그것은 강한 구매 충동을 일으켜 자기의 능력 이상으로 상품을 구입하거나 무리한 계약도 하게 되는 것이다.

이것은 인간의 심리를 역으로 이용한 고도의 세일즈 테크닉의 하나라 할 수 있다. 고객은 서비스맨이 자기를 무시하고 존재 가치를 낮게 평가하는 듯한 태도를 취하면 변명을 해서라도 자기의 자존심을 지키려는 심리 작용이 일어난다.

거절 심리

고객에 대한 설득이나 판매는 필연적으로 고객의 거절 심리를 자극하게 된다. 그래서 레터만은 "판매는 거절로부터 시작된다"는 명언을 남겼다. 세일즈에 관련된 수많은 책이나 성공 사례를 보더라도 "고객이 거절을 했다는 것은 이제 세일즈가 시작되었다는 것을 의미한다"고 적고 있다.

한 마디로 거절은 고객의 기본 심리요, 속성이다. 따라서 고객의 거절 심리를 이해하지 못하고 서비스맨이 될 수 없으며, 고객의 거절에 대한 대응 능력 여하가 그 서비스맨의 유능, 무능을 가름하는 첩경이 된다.

『10분이면 팔 수 있다』의 저자인 일본의 유명한 세일즈맨 이도구치 켄지는 "거절은 공기의 저항과 같다"고 하였다. 비행기가 하늘을 날 수 있는 것은 공기의 저항 때문이다. 즉, 공기의 저항이 없다면 비행기는 하늘로 날아오를 수 없다. 마찬가지로 거절이야말로 세일즈맨이 성공하여 하늘로 오르는 원동력이라고 한 것이다. 참 절묘한 표현이라는 생각이 든다.

고객이 거절 심리를 갖는 이유는 다음과 같다.

- 고객이 상품을 구입하려면 금전적 대가를 치러야 하는데, 사람들은 상품 구입으로 얻게 되는 만족보다 자기가 지불하는 대가의 희생이 더 크다고 생각한다.
- 사람은 처음 만난 사람에 대하여 경계하고 저항하는 심리를 가지고 있다. 일종의 낯갈이이다. 따라서 서비스맨을 보면 반사적으로 거부한다.
- 사람들은 이왕에 구입할 물건이라도 서비스맨의 권유를 받으면 그 서비스맨에게 자기가 설득당하고 졌다는 심정을 갖게 된다. 사더라도 자기 주관에 따라 스스로 샀다는 것이 떳떳하므로 한 번쯤 거절해 보는 것이 당연한 심리이다. '하던 짓도 멍석 깔면 안 한다'는 것도 같은 맥락이다.
- 인간은 우월감을 가지고 있다. 고객은 그게 더욱 심하다. 그 우월감으로 인하여 한 번쯤 버티고 싶은 심리가 발동하므로 서비스맨의 설득이나 권유를 받으면 일단 거부한다.

냄비 심리

'변덕이 죽 끓듯 한다' 는 말이 있다. 사람의 심사가 한결같지 않고 상황에 따라 쉽게 변할 때 쓰는 말이다.

고객의 일반적인 심리가 바로 그러하다. 고객은 한결같이 당신을 좋아하지 않는다. 충성 고객이니 열광 고객이니 하지만 그것도 잠시뿐, 기분이 나쁘면 언제 그랬냐는 듯이 등을 돌리는 것이 바로 고객이다. 나는 이것을 쉽게 달아오르고 쉽게 식는 냄비에 비유하여 '냄비 심리' 라고 한다.

고객은 당신이 의외의 서비스를 제공할 때 크게 감격한다. 때로는 눈물을 글썽거릴 만큼 감동한다. 그러나 그 감격, 감동이 오래 간다고 생각하면 오산이다. 그 때뿐임을 알아야 한다. 케이스 바이 케이스이다. 감동한 것은 감동한 것이고, 기분 나쁜 것은 기분 나쁜 것이다. 한때 감동했다고 해서 기분 나쁜 것까지 모두 덮어지는 것은 아니다.

그래서 고객을 대하는 것은 늘 살얼음을 딛듯 조심해야 한다. 물론, 고객과 아주 친근해져서 마음을 터놓는 친구가 된다면 웬만한 허물은 덮어질 수가 있지만 대부분의 고객은 결코 친구가 아니기 때문이다.

고객과의 인간 관계를 돈독히 하려고 해도 성인이 되어서 만난 사이이고, 또한 이해 관계 때문에 맺어진 사이이므로 작은 불화도 매우 섭섭하게 느껴지는 게 고객과의 관계이다.

이러한 냄비 심리는 고객을 조심스럽게 대해야 한다는 불편함이 있는 반면에, 다른 곳을 거래하는 고객을 빼앗아 올 수도 있다는 근거가 된다. 어차피 치열한 경쟁의 시대인 지금 고객 쟁탈전을 피할 수는 없다. 예를 들어 금융 거래만 하더라도 어떤 고객이든 예외 없이 한두 군데의 은행을 거래하게 마련이다. 그러므로 신규 고객을 유치한다는 것은 결국 다른 곳을 거래하고 있는 고객을 빼앗아 와야 한다는 의미가 된다. 따라서 고객의 냄비 심리를 잘 이용하고 자극해서 고객 확보에 나설 수가 있다. 즉, 당신이 경쟁 상대의 서비스맨보다 한 수 더 나은 서비스를 제공한다면 고객은 당신에게 올 것이다. 고객에게는 냄비 근성이 있으니 말이다.

부채 심리

사람은 누구나 양심이 있다. 고객도 마찬가지이다. 그러기에 남에게 신세를 지면 어떤 식이든지 그것을 갚으려고 한다. 갚아야 마음의 빚을 털어 버릴 수 있기 때문이다.

만약 어떤 서비스맨이 고객에게 열과 성을 다해 진심으로 잘 모셨다고 하자. 그러면 고객의 마음 속에 그 열과 성이 일종의 부채로 남게 되어 언제 어떤 식으로 그것을 갚을까 하고 생각하게 된다. 이것을 나는 '부채 심리'라고 이름 붙였다.

내가 세일즈를 하면서 가장 많이 활용한 고객의 심리가 바로 부채 심리이다. 처음 고객을 찾아 나서 보험이나 예금을 권유해 보면 십중팔구 거절하게 마련이다. 누가 기다렸다는 듯이 성큼 거래를 시작하겠는가. 초년 시절에는 고객의 거절이 무척 서운하며, 얼굴이 빨개지고, 두렵기까지 했다. 그런데 고객의 거절이 단순한 거절이 아님을 곧 깨닫게 되었다.

고객은 일단 거절한다. 그런데 거절을 당하는 서비스맨만 스트레스를 받는 것이 아니다. 거절하는 고객도 참 못할 짓이다. 고객도 스트레스를 받는다. 물론 서비스맨보다야 덜 하겠지만, 고객이 거절을 계속하게 되면 나중에는 부지불식간에 마음 속에 일종의 빚으로 남게 된다.

계속된 거절에도 불구하고 서비스맨이 성심을 다해 계속해서 고객에게 잘 대해 주면 고객은 점점 마음이 무거워지고 신세를 졌다는 미안한 마음이 되어 결국은 거래를 하게 되는 것이다.

지성이면 감천이라고 하늘도 감동하는데 사람인 고객이 어찌 마음이 움직이지 않겠는가. 따라서 서비스맨은 한두 번의 서비스로 고객이 함락되지 않았다고 의기소침해 하거나 포기하지 말고 당신이 한 번 찾아가고 한 번 서비스할 때마다 고객의 마음 속에는 한 겹씩 부채가 늘어난다는 사실을 알고 끈질기게 서비스를 해야 할 것이다.

이기심

사람의 행동은 근본적으로 이기심에서부터 시작된다고 할 수 있다. 고객은 일반인보다 더 심하다고 할 수 있다.

왜 더 심할까? 그것은 고객과 서비스맨의 관계가 대등한 관계가 아니라 불평등한 관계이기 때문이다. 고객은 왕이고 서비스맨은 그 왕을 잘 받들어 모셔야 할 사람이다. 이렇게 불평등한 관계가 되면 우위적 지위를 가지고 있는 쪽에 더 심한 이기심이 발동하게 된다.

고객은 서비스맨이 아무리 인간적 의리를 강조하려 해도 근본적으로 자기의 이익이 보장되지 않으면 언제든지 거래를 중단할 자세가 되어 있다. 따라서 서비스맨은 당신의 서비스가 단순한 읍소형이거나 구걸형이 되게 해서는 안 된다.

그 서비스를 통하여 고객에게 어떤 이익이 되는지를 고려하여야 하며, 심리적이든 물질적이든 고객의 이익을 먼저 생각하는 서비스 전략을 세워야 한다. 그래야 서비스맨도 당당하고 고객도 꽉 잡을 수가 있다.

단순 접촉 효과

인간 관계의 깊이나 친밀도는 만남(접촉)의 횟수에 비례한다. 즉, 자주 만나고 자주 접촉하면 그만큼 친하게 된다는 말이다. 물론, 싫은 사람인 경우에는 만날수록 점점 더 싫증이 나고 정이 떨어지는 수도 있겠지만 그런 특별한 감정만 아니라면 일반적으로 단순 접촉의 효과가 나타난다.

단순 접촉 효과란 단순히 자주 만나기만 해도 인간 관계의 친밀도가 높아지고 호감을 얻는 효과가 나타난다는 인간 심리를 말한다. 반대로, 아무리 가까운 사이라도 만남의 횟수가 줄어들면 그만큼 친밀함이 낮아지는 이론이기도 하다.

학창 시절 절친했던 친구라도 사회에 나와 서로 다른 직장을 다니게 되고 떨어져 살면서 왕래가 뜸해지다 보면 나중에는 서먹한 사이가 되는 경우를 당신도 경험해 보았을 것이다. 반면에, 처음에는 별다른 호감을 느끼지 못했던 사람인데 이웃에 살면서 자주 접촉하고 대화를 나누다 보니 상대방을 이해하게 되고 신뢰를 쌓게 되어 나중에는 혈육 같은 관계로 발전하게 되는 경우도 있었을 것이다.

서로 특별한 감정과 매력을 느끼지 못했던 남녀가 같은 직장에 근무하면서 업무적으로 자주 접촉하다가 후에 사랑하는 사이로 발전하는 것도 같은 이치요, 못생긴 코미디언을 텔레비전에서 자주 접하다 보면 나중에 그런 대로 호감을 느끼게 되는 것도 바로 단순 접촉(또는 단순 노출)의 효과가 나타나기 때문이다. 이처럼 인간 관계는 뭐니뭐니해도 자주 만나고 자주 접촉하는 것이 매우 중요하다.

서비스에 있어서 고객과의 관계도 마찬가지이다. 처음에는 서비스맨과 고객이라는 삭막한 입장에서 만났다 하더라도 자주 만나고 접촉을 강화하다 보면 호감을 느끼게 되고 결국은 좋은 고객 관계를 형성할 수 있게 된다.

서비스맨으로서 친밀한 관계의 고객을 많이 확보하는 것은 분명히 자산이요, 매출의 원천이 된다. 이런 사실에 동의한다면, 이제부터 고객과의 단순 접촉을 강화하는 전략을 구사하여야 한다. 부지런히 고객을 많이 만나야 한다. 고객과의 만남이 매출의 원천이 되는 것이므로 창구에 고객이 많이 밀려오는 것을 귀찮게 여길 것이 아니라 오히려 적극적인 만남에 발벗고 나서야 한다.

탁월한 서비스맨이냐 아니냐는 고객과의 만남을 회피하느냐 적극적으로 나서느냐에서부터 비롯된다 해도 과언이 아니다.

만나고 또 만남으로써 고객과의 인간 관계를 형성할 수 있도록 하여야 하며, 고객의 거절과 거부도 빈번한 접촉을 통해 극복하여

입장 바꿔 생각해 봐

한 달 전부터 속이 쓰리고 아팠다. 소화도 잘 되지 않았다. 내심 걱정이 되면서도 괜찮겠지 하면서 참고 지냈는데, 증상이 점점 더 심해졌다. D 병원에서 진료를 받았더니 내시경으로 위 검사를 해보는 것이 좋겠다고 했다. 예약 날짜를 잡고 주의해야 할 사항을 듣고 나왔지만 처음 해보는 것이라 겁이 났다. 내시경 검사가 참 힘들다는 말을 들었기 때문이다.

예약 당일 잔뜩 겁먹은 얼굴로 검사실로 들어갔다. 고통을 줄이기 위하여 수면 내시경을 신청하였는데, 검사실 간호사가 1~2분만 참으면 되는데 무엇하러 시간도 많이 걸리고 검사비도 비싼 수면 내시경을 하냐며 나를 설득하였다.

갈등이 생긴 나는 간호사에게 혹시 내시경 검사를 해본 적 있냐고 물었다. 그랬더니 자기도 해봤다는 것이다. 나이도 어린데 무슨 일로 내시경 검사를 해봤냐고 물었는데, 그 대답이 참 기특하고 감동적이었다.

자기가 D 병원에 취업하여 내시경 검사실에 발령이 났는데, 오는 환자마다 공포와 고통을 호소하여 막연히 "조금만 참으세요. 이제 다 끝나갑니다" 등의 말로 위로를 했는데, 아무래도 환자들이 겪는 고통이 어느 정도인지 또한 어떻게 하면 조금이라고 편하게 할 수 있는지를 알아야 하겠기에 일부러 내시경 검사를 해봤다는 것이다.

어린 간호사의 말에 나는 감동하였다. 그 프로 정신이 참 아름답다고 생각했다.

결국 그 날 나는 그 간호사가 친절하고 상세히 설명해 준 요령에 따라 내시경 검사를 마칠 수 있었다.

고객의 심리를 알기 위해서는 입장을 바꾸어서 생각하고 행동하는 프로 서비스맨이 되어야 한다. 입장을 바꾸어 생각하면 고객 만족의 길이 쉽게 보일 것이다.

야 진정한 프로 서비스맨이 될 수 있다.

직접 접촉이 어려운 형편일 때는 전화나 편지 등을 통한 간접 접촉이라도 그 빈도를 높여야 한다. 한 번에 1시간을 만나는 것보다 10분씩 6회를 접촉하는 것이 더 효과적이라는 점을 알고 고객과의 만남의 횟수 증대에 노력을 아끼지 말아야 한다.

단순 접촉의 효과를 최대한 높일 수 있도록 자주 만나야 무엇이든지 많이 팔 수 있다. 이것은 단순하지만 진리이다.

3
고객 불만 처리법

불만을 말하는 고객이 결국은 우량 고객이다. 일반적으로 기업들의 불친절이나 서비스 불량에 대해 불만을 느낀 고객 중 5%만이 그 불만을 토로하며, 나머지 95%는 소리 없이 다른 곳을 찾아 이동한다고 한다.

뿐만 아니라 불만을 말하지 않는 고객은 20명의 다른 사람에게 자신의 불쾌했던 경험을 전파함으로써 기업의 이미지에 손상을 입히고 만다.

미국의 소비자 불만 조사 기관 TARP에 따르면 불만에 대하여 비록 충분히 납득할 만한 해결책을 얻지 못했다 하더라도 불만을 말하지 않는 고객보다 불만을 호소해 온 고객이 오히려 재거래 확률이 높다고 한다.

결과적으로 불만을 호소하는 고객이 그것을 말하지 않는 고객보다 우량 고객으로 바뀔 확률이 크다는 이야기이다. 즉, 불평하는 고객이 귀한 고객이라는 것이다.

서비스란 바로 그런 고객을 위하여 필요한 것이다. 어떻게 해 주든지 아무런 불평이 없는 고객만 있다면 서비스란 필요 없을지 모른다. 따지고 드는 고객, 꾸짖을 줄 아는 고객이야말로 소중한 고객이다. 꾸짖는 말을 하는 고객을 만나면 보석이 있는 곳을 가르쳐 주는 사람으로 생각하라고 했다. 그런 불평 고객을 잘 관리하는 것이 바로 고객 만족 경영의 요체이다.

해 줄 바에는 화끈하게

내가 관리하고 있는 VIP 고객의 부탁으로 ○○ 보험사 보험금 지급 창구를 찾았다. 문을 열고 들어서자 창구는 시장 바닥처럼 붐비고 시끄러웠다.

가만히 살펴보니 고객 한 사람이 창구 직원에게 삿대질을 하고 고함을 치고 있었다.

"왜 접수를 안 받느냐!"

"손님! 시간이 지났습니다. 죄송합니다."

창구 직원은 죄지은 사람처럼 고개를 조아리며 기어 들어가는 목소리로 답했다.

"아니 이제 4시 반밖에 안 되었는데, 무슨 소리야?"

고객은 더 크게 소리를 질렀다.

"저희들은 은행과는 달라서 마감 시간이 빠릅니다. 손님!"

창구 직원도 질 수 없다는 듯 계속 해명을 하였다.

"나 지금 이 돈을 찾아서 부도를 막아야 하는데, 부도 나면 아가씨가 책임질 거야?"

화가 난 고객이 점점 험악해지면서 이성을 잃은 듯 악다구니를 써댔다.

도저히 안 되겠다고 생각했는지 창구 직원은 슬그머니 "다음에 오실 땐 꼭 시간을 지켜 주셔야 합니다"며 결국 지급 처리를 해 주었다. 옆에서 보기에 창구 직원이 상당히 노련하게 고객의 입장을 살피며 일을 처리하는 것 같았다. 그러나 돈을 받아 들고 돌아가는 고객의 얼굴은 전혀 만족한 표정이 아니었다.

그 고객은 어떤 생각을 하며 돌아섰을까. 자기의 요구가 무리한 것인데 창구 직원이 잘 봐 주었다고 생각할까? 그렇지 않을 것이다. 해 줄 수 있는 일을 창구 직원이 괜히 힘들게 했다고 생각할 것이다. 자기가 큰소리를 쳤기에 그나마 일이 해결되었다고 생각할 것이 뻔하다.

그렇다면 창구 직원이 일 처리를 잘못 한 것이 된다. 왜 잘못 했을까?

해답은 간단하다. 이왕 해 줄 것을 고객의 분노가 폭발한 뒤에야 마지못해 처리해 주었다는 데 문제가 있는 것이다.

서비스에 있어서 고객의 불만은 필연적이다. 고객은 언제나 자기 자신의 입장만 생각하기 때문이다. 따라서 고객의 불만을 없애는 가장 좋은 방법은 불만이 생겨나기 전에 일을 잘 처리해 주는 것이지만, 만약 불만이 발생했을 때는 보다 더 화끈한 방법으로 뒷마무리를 잘 해야 한다.

그러려면 상황 판단이 빨라야 하고, 어떻게 할 것인지에 대한 결론을 빠르고 명확하게 내려야 한다. 그것이 고객의 불만을 최소화하는 지름길이다.

고객을 상대하다 보면 매우 다양한 상황이 발생한다. 상상을 초월할 만큼 황당한 고객도 만나게 될 것이다.

생일 케이크를 사간 고객이 3시간이 지나 절반 가량을 먹고 와서는 빵 속에서 이물질이 나왔다고 항의하는 경우도 보았다. 그 경우는 이물질이 나왔다는 아무런 증거도 없었다.

또, 물빨래를 하지 말라고 사용법이 명시된 제품인데, 고객이 부주의하여 물빨래를 하고는 제품에 손상이 간 상태로 매장에 찾아와서 새 것으로 바꾸어 달라는 막무가내식의 고객도 보았다.

이런 경우 당신이라면 어떻게 할 것인가.

서비스 지침서에는 "고객은 항상 옳다. 비록 그가 틀렸고 억지라 하더라도"라는 월마트의 창업자 샘 월튼의 이념이 나와 있다. 어떤 경우이든 고객의 불만을 정당한 것으로 받아들이라는 의미이다.

물론 현실적으로 고객의 요구를 그대로 받아들일 수는 없을 것이다. 그러나 예술적 서비스를 창조하려면 남과 달라야 한다. 통상적인 불만 처리로 어떻게 고객을 감동시킬 수 있겠는가.

세계적인 경영자 샘 월튼이 "고객은 항상 옳다"라고 했다면, 그 말속에 어떤 진리성이 반드시 있다고 믿어야 할 것이다.

그렇다. 고객은 항상 옳다. 따라서 고객의 불만도 항상 옳은 것이다. 서비스맨이 그런 마음가짐을 갖는다면 고객의 불만에 어떻게 대처해야 할 것인지 결론이 도출될 것이다.

이왕 해 줄 바에는 화끈하게 해 주라는 것, 그것이 정답이다.

저희들의 잘못입니다

보험을 계약한 어느 고객이, 자신이 가입한 상품의 내용과 생활설계사가 설명한 내용이 다른 것을 발견하고는 크게 분개하였다. 그는 그것을 항의하기 위해 전화 번호를 찾던 중 결국 114 안내를 통해 계약한 보험사의 전화 번호를 알게 되었다. 그런데 불행인지 다행인지 114에서 안내한 전화 번호는 보험 계약사가 아니고 다른 보험사의 한 영업소였다.

전화를 건 고객은 너무나 흥분한 나머지 전화가 제대로 걸린 것인지 확인도 하지 않고 거칠게 항의를 하였다.

엉겁결에 전화를 받게 된 다른 영업소 직원은 자초지종을 듣고 난 후 이렇게 말하는 것이었다.

"저희와 같은 업계인 ○○ 보험사의 잘못으로 불편하게 해 드렸다니 정말 죄송합니다"라고 하고는 경쟁사를 비난하기는커녕 같은 업종에 근무하고 있는 보험인으로서 친절하게 그 불만 사항을 상담해 주었던 것이다.

자기가 흥분한 까닭에 전화를 잘못 건 것을 알게 된 고객이 어떤 생각을 하게 되었을지는 쉽게 상상이 갈 것이다. 깊은 인상을 받은 그 고객은 결국 그 영업소 직원을 찾게 되었고, 지금까지 좋은 관계가 이어지고 있다.

고객을 감동시킨다는 것, 이것은 거저 이루어지는 일은 아니다.

황당한 고객을 대하는 법

서비스맨으로 살다 보면 상식적으로 판단이 서지 않는 희한한 고객을 상대하는 경우도 비일비재하다. 고객은 절대 신사답지 않다. 막무가내요, 자기 생각만 하는 사람들이다.

고객은 원래 황당하다. 그것이 정상이다. 만약 친절하고 신사다운 고객을 만났다면 돌연변이라고 생각하라. 그렇게 생각해야 마음이 편하다.

전화를 받았는데 다짜고짜 언성부터 높이는 고객도 있을 것이다. 대수롭지 않은 걸 가지고도 씩씩거리는 고객을 보고 있노라면 참 한심스럽다는 생각도 들 것이다. 그러나 어떠한 경우라도 프로 서비스맨은 대응법이 다르다. 어떻게 다르다고 거창한 이론을 말하려는 것이 아니다. 프로 서비스맨들은 참는 데 있어서도 역시 프로라는 것을 말하고 싶다.

수준 이하의 황당한 고객을 상대하는 데 있어 참는 것 이상의 전략이 있을 수 없다. 논리로 설득해서 말을 들을 사람들이라면 소리를 지르지도 씩씩거리지도 않을 것이다. 설령 논리로 설득이 가능하다 하더라도 그것은 나중의 문제이다. 고객이 흥분한 상태에서 응대하게 되는 초기 단계에서 가장 유용한 전략은 뭐니뭐니 해도 참는 것이 최선의 방법이다.

프로는 이럴 때 절대로 언성을 높이지 않는다. 조용히 차분하게 고객이 하는 말을 들어 준다. 그리고 한 술 더 떠서 맞장구를 쳐 준다.

"맞습니다. 저희들의 잘못으로 고객님께 불편을 드려서 정말 죄송합니다. 제가 대신 사과 드립니다" 식으로 응대한다. 절대로 "자신이 한 일이 아니다"라거나 "뭐 이런 사람이 있냐"는 식으로 대하지 않는다.

위기 상황에서 냉정할 수 있으며, 고객은 무조건 옳다는 자세로 응하는 사람들이 프로이다. 프로는 자기가 말을 많이 하기보다 고객이 말을 많이 하도록 만든다. 심리학에 '토갈 효과'라는 말이 있듯이 고객은 불만을 토해 냄으로써 이미 심리적 안정을 느끼게 된다. 그러므로 프로는 고객의 말을 절대로 중간에 끊지 않는다. 오히려 계속 질문을 하여 고객으로 하여금 말을 많이 하게 한다. 속이 시원해지도록 불만을 쏟아 놓게 한다.

"맞아요. 저희가 챙겨 드렸어야 했는데, 저희 불찰입니다. 정말 죄송합니다. 앞으로 더욱 더 노력하겠습니다"라며 자신의 잘못이 아니더라도 마치 자신의 잘못한 것인양 사과하고, 또 미안해 한다. 그러면 고객은 처음에는 언성을 높이다가 점차 수그러들게 된다. 그것이 바로 인간의 심리요, 고객의 심리이다.

마지막으로 프로들은 감사의 말을 아끼지 않는다.

"사모님, 오늘 말씀 정말 감사합니다. 오늘의 일을 거울삼아 더욱 더 열심히 봉사하겠습니다" 이런 식으로 고객이 황당하게 화를 낸 것에 대해서가 아니라 불만을 솔직히 말해 준 데 대해 진심으로 고맙게 생각한다.

그 정도는 되어야 프로 서비스맨이라 할 수 있다. 아마추어와 프로의 차이는 고객이 불만을 말하거나 황당해 하는 상황에서 나타난다. 끝까지 참으며 고객의 말에 귀기울이고, 고객의 지적에 진심으로 감사할 줄 아는 사람, 이런 사람이 바로 프로이다.

컴플레인 마케팅

서울의 유명한 모 백화점은 최근 데이터베이스 마케팅의 일환으로 불만 고객을 별도로 관리하는 시스템을 갖추었다. 그리고 5000명 정도의 컴플레인 고객에게 공중 전화 카드를 발송하는 등 정성을 쏟고 있다.

이들에게 관심을 갖고 특별한 서비스를 제공하는 것은 백화점 측의 서비스에 대하여 지적하거나 화를 내거고 불만을 제기하는 손님들이 진짜 단골이 될 확률이 높다고 판단했기 때문이다.

그 백화점뿐만 아니라 요즘 서비스에 특별히 관심을 기울이는 기업에서는 특히 불만 고객을 잘 모시려고 애를 쓰는데, 컴플레인 마케팅이라는 것까지 등장하고 있을 정도이다.

컴플레인 마케팅의 기초는 손님의 불만을 웃는 얼굴로 몽땅 받아 주고, 그 뒤에 애프터 서비스를 완벽하게 하여 불만을 처리해 준 다음 사은품 등을 발송하여 고객의 마음을 달래는 것이다.

D 카드사도 컴플레인 마케팅을 실시하고 있는데, 불만 고객을 가장 애착이 있는 고객으로 판단, 이들을 집중적으로 관리하는 전략이다. 일단 불만이 접수되면 이틀 이내에 불만을 해결해 주고, 또 이틀 안에 처리 결과에 대한 만족 여부를 확인하는 해피콜을 실시한다.

D 카드사가 이 제도를 실시한 후 결과를 분석한 것을 보면 참으로 귀한 정보를 얻게 되는데, 불만을 해결해 준 뒤 고객의 이용액은 이전보다 평균 25% 증가했으며, 일반 회원보다도 불만 회원들의 이용률과 이용액이 더 높은 것으로 나타났다는 것이다. 이것

만 보아도 불만 고객이 진짜 고객임을 알 수 있지 않은가.

한 사람의 불만 고객은 25명의 불만 고객을 대표한다는 말이 있다. 왜냐하면 보통의 불만 고객들은 그 불만을 쉽게 털어 놓지 않기 때문이다.

그 이유를 보면 다음과 같다.

- 귀찮다.
- 불만을 어디에 말해야 할지 모르겠다.
- 이야기한들 해결될 것 같지 않다.
- 시간과 수고의 낭비다.
- 손해 보고 거래를 끊으면 그만이다.
- 서비스 불량은 시간이 지나면 증거가 없다.
- 불쾌한 것은 빨리 잊고 싶다.
- 서비스 불량의 경우 특정한 사람의 행동을 비난해야 하는데, 그럴 경우 용기가 필요하다.
- 불만을 말함으로써 더 큰 불이익을 당할지 모른다.
- 불평 불만자라는 나쁜 이미지가 형성될 것 같다.

미국의 대기업인 GE에서는 무료 전화 서비스로 이러한 고객의 불만을 접수하고 현장 고객의 목소리를 통해 귀중한 경영 정보를 얻는다.

GE의 응답 센터에서는 연간 300만 통 이상의 전화를 받는데, 이 중 30%가 제품과 서비스에 관한 문의라고 한다.

전국 어디에서나 무료로 전화를 할 수 있는데, 고객들로 하여금 언제 어디서든지 자신의 불만을 불편 없이 말할 수 있고 제품에 대한 의견을 내 놓을 수 있게 시스템화하였다.

이러한 고객 서비스는 고객 접촉을 용이하게 하기 위한 값싼 방법이다. 왜냐하면 전화 한 통화로 고객으로부터 값진 정보를 얻기 때문이다. 고객의 전화 한 통화에 마케팅 기능이 역동적으로 살아 있는 모습이다.

성실이 최고의 무기

고객에 대한 서비스는 고객이 돌아감으로써 끝나는 것이 아니다. 단순한 서비스가 아니라 상품을 판매한 경우라면 그 이후부터 또다른 서비스의 문제가 발생할 수 있다. 일종의 클레임이다.

클레임 역시 고객의 불만이므로 화끈하게 처리하여야 한다. 특히 신속한 처리와 성실한 처리가 그 핵심이다. 우리 한국인은 성질이 급하기 때문에 신속한 처리가 중요한 관건이다. 아울러 아무리 막무가내식 고객이라 하더라도 그 고객의 마음을 사로잡는 것은 인간적 성실함이다.

클레임의 원인은 크게 나누어 다섯 가지로 구분되는데, 서비스맨은 그 발생 원인을 파악해 신속하고 성실하게 대응하여야 한다.

첫째는 고객의 오해나 실수에 의한 경우이다.

고객이 계약 내용을 잘못 알고 있거나 상품 취급을 잘못해서 사고를 내고는 그 결과를 서비스맨에게 전가하려고 할 때가 있다. 이 경우 '뭐 이런 얼간이 같은 고객이 있나' 하는 식으로 고객을 깔보거나 감정에 치우쳐서는 안 된다. 앞에서도 말했지만 프로는 냉정해야 한다. 그리고 인내해야 하고 끈질겨야 한다. 따라서 고객이 자기의 잘못을 스스로 깨달을 때까지 상세히 설명해야 한다. 물론 회사측의 잘못이 조금이라도 있다면, 고객이 충분히 납득할 정도의 서비스를 해야 함은 물론이다.

둘째는 타사와의 비교에서 나오는 클레임이다.

영업 방침, 거래 조건 등이 타사에 비해 불충분하고 불친절하다고 생각하는 경우이다. 이 경우 단지 사과하거나 또는 변명하는 것으로 그치지 말고 그럴 수밖에 없는 사정을 잘 설명하면서 타사보다 뛰어난 점도 있다는 것을 강조해 납득시켜야 한다.

타사와의 비교를 통하여 우리 회사의 잘못을 개선할 수 있다는 점에서 고객이 좋은 정보를 준다는 측면도 있으므로 좋은 지적에 대하여는 깊이 감사해야 한다.

셋째는 상품이나 서비스 자체에 대한 클레임이다.

상품의 품질, 디자인, 가격, 서비스 등이 마음에 안 들어 불만을 제기하는 경우 계약 취소나 앞으로의 거래 단절로 이어질 우려가 있으므로 가장 까다로운 클레임이라 할 수 있다. 가능하다면 대체 서비스를 제공함으로써 상품의 결함을 보완해야 할 필요도 있다.

넷째는 납품에 따른 불만이다.

납기 지연, 포장 불량, 파손 등에 의한 것으로, 이 경우에도 다른 사람 탓으로 돌리지 말고 원인을 찾아 고객이 납득할 만한 수단을 신속하게 강구해야 된다. 특히 파손 등에 따른 클레임인 경우 회사의 내규상 바꿔 줄 수 있는 여유가 있다면 쓸데없이 고객을 탓하거나 애를 먹일 것이 아니라 선선히 반품을 받아 주고 다른 것으로 바꿔 줌으로써 오히려 고객이 미안하게 할 필요가 있다.

고객 불만 처리 순서

완벽한 고객 만족을 위해서는 고객의 불만에 대한 효율적인 처리 순서를 정해 둘 필요가 있다. 그리고 그러한 순서와 요령을 종업원들의 몸에 철저히 배도록 훈련시켜야 한다.

- 사과 및 경청
  - 어떠한 항의도 끝까지 참고 경청하여 불만 요인을 찾는다.
  - 성실한 태도로 귀 기울이고 메모한다.
  - '이 고객은 항상 불만이 많다' 는 등의 선입견, 편견에 사로잡히지 않는다.
- 원인 분석
  - 불만 원인, 요구 사항을 냉정히 분석한다.
  - 업무적 측면인지, 심리적 측면인지를 파악한다.
  - 즉시 답할 수 있는 문제인지, 규정 내의 일인지를 검토한다.
- 해결책 강구
  - 해결책을 찾는다.
  - 회사 방침과 일치되는지 검토한다.
  - 빨리 처리한다.
- 해결책 제시
  - 고객의 의견과 회사의 입장이 충분히 반영된 해결책을 제시하고 양해를 얻는다.
  - 쉬운 말로 설명해 고객을 납득시킨다.
  - 규정 외의 일일 때에는 그 과정 및 절차를 충분히 설명한다.
- 결과 검토와 활용
  - 해결책의 내용과 고객의 반응을 기록해 둔다.
  - 재발 방지를 위한 사례로 받아들여 숙지하고 공유한다.

다섯째는 서비스맨의 서비스 부족에서 비롯된 클레임이다.

애프터 서비스 미흡, 설명 부족, 접객 태도 불량 등에 의한 불만 등 이런 종류의 클레임의 원인은 서비스맨 자신에게 있다. 이런 클레임을 받았다면 프로 서비스맨으로서 자존심에 관한 문제라 할 수도 있다. 자기 스스로를 돌아보고 자신의 언행 어디에 문제가 있는지를 냉정히 반성하고 개선하여야 한다.

가장 바람직하지 못한 서비스맨은 고객의 지적에 대하여 '이 정도면 됐지 뭘 그러냐'는 타입의 사람이다. 잘못은 누구나 저지를 수 있다. 문제는 반성과 개선이다. 프로 서비스맨은 태어나는 것이 아니라 반성과 개선으로 만들어지는 것이다.

4
고객의 기대 충족

 디즈니랜드와 다른 보통 놀이 공원의 차이는 무엇일까? 그것은 기대치의 차이이다. 실제로 놀이 기구와 아이들의 흥미를 끄는 시설물에는 많은 차이가 없을지 모른다. 그러나 디즈니는 고객이 놀이나 휴양에 대하여 기대하는 값이 보통의 놀이 공원에 비할 바가 아니다.
 그럼에도 불구하고 디즈니가 디즈니다울 수 있는 것은 방문객들의 높은 기대치를 더 높은 서비스로 커버한다는 데 있다.
 잘 아는 바와 같이 고객 만족이란 고객의 기대치에 어떻게 반응했냐의 결과이다. 기대치보다 낮은 수준의 서비스라면 당연히 고객 불만이 도출될 것이고, 기대치를 넘는 서비스라면 고객 만족을 불러올 것이다. 그리고 그 기대를 훨씬 뛰어넘는 서비스를 제공할 때 고객 감동뿐 아니라 고객 졸도(요즘은 이런 표현까지 등장했다)까지 불러올 것이다.

따라서 서비스 개선에서 고객의 기대치를 안다는 것은 매우 중요하다. 고객 만족의 기준이 기대치이므로 그것을 알아야 어떤 수준의 서비스를 제공할 것인지 해답을 찾을 수 있을 것이다.

그러면 고객의 기대치는 어떻게 알 수 있을까?

시간이 지나면 시장에 대해 그리고 고객들이 기대하는 바에 대해 본능적으로 알게 되겠지만, 그보다 더 앞서고 싶다면 그리고 정확한 기대치를 알고 싶다면 그들, 즉 고객에게 물어 보는 방법이 가장 좋을 것이다.

고객에게 물어 보라

고객의 기대치를 조사하는 방법은 물론 여러 가지가 있다. 설문을 하는 방법도 있고, 인터뷰도 있을 것이며, 고객 접점에서 일하는 종업원의 의견을 집약하는 방법도 있다.

어떠한 방법을 사용하든 고객의 기대치는 정확하게 조사되어야 한다. 그런 의미에서 직접적으로 고객의 의사를 묻는 것이 가장 좋은 방법이다. 만약 고객이 무엇을 원하고 기대하는지를 상상한다면 결과는 엉뚱해질 수 있기 때문이다.

고객이 무엇을 원하는지 상상하지 마라. 고객이 어떤 서비스를 원하고 있는지는 당사자인 고객에게 물어 보는 것이 가장 좋다. 고객의 기대치를 높여 고객에게 감동을 주려면 고객의 만족과 불만 사항을 정확히 알고 있어야 해결 방안이 나오기 때문이다.

"고객에게 물어 보라. 그들이 무엇을 원하는가? 어떤 회사가 되길 바라는가?" 고객 만족 경영의 원조로 일컬어지는 SAS(스칸디나비아 항공사)의 얀 칼슨 사장의 말이다. SAS가 고객의 불만 사항으로 예상했던 것은 '작고 낡은 비행기'였다. 고객들이 작고 낡은 비행기에 불만이 많을 것으로 생각하고, 크고 좋은 비행기를 마련해야 장사가 잘 될 것으로 판단한 것이다. 그러나 정작 고객에게 물어 본 결과는 '출발 지연'이 제일 큰 불만이었다. 고객은 좋은 비행기보다 정시 출발을 더 원했던 것이다.

고객이 원하는 것에 1% 더하라

조직이 서비스를 개선하려면 항상 고객이 원하는 바에 1%를 더하는 노력을 계속해야 한다. 이 같은 +1% 서비스를 일관성 있게 실천해야 고객에게 신뢰감을 주고 만족을 줄 수 있다. 그렇다고 꼭 1%라는 의미는 아니다. 고객의 기대를 넘어서야 고객이 만족하고 감동한다는 뜻이다.

○○ 농협의 J씨는 어느 날 마감 시간이 한참 지난 때에 송금에 관한 문의 전화를 받았다. "20만 원이 송금되었다고 하는데, 지금 그 돈을 찾을 수 있느냐"는 것이다. 사연인즉, 작업 도중 허리를 다쳐 약물 치료 중인데 치료비를 송금 받은 것이라 하며, 오늘 중으로 출금하여 약을 구입할 예정이라는 것이었다.

"당연히 출금이 가능하다"고 했더니, 문제는 영업점까지 방문하는 데 시간이 1시간 이상 걸린다는 것이었다. 평상시 도보로 15분 거리인데, 자기가 몸이 불편한 관계로 그렇다는 것이었다.

장난 전화가 아닌가 싶은 생각이 들었지만 기다리겠다고 하고는 적은 돈이라 일단 무통장, 무인감으로 출금을 하고 전표와 돈을 책상 위에 올려 놓고 기다렸다.

그런데 문득, 불편한 몸으로 영업점까지 오고 있을 그 고객이 생각나 계좌 관리부를 통해 고객의 주소와 집의 위치를 확인한 후 돈과 전표를 집어들고 고객의 집으로 달려갔다. 고객의 집에 거의 도착할 때쯤 고객은 허리를 움켜쥐고 엉금엉금 걸어 나오고 있었다.

고객은 J씨를 보자 눈시울이 뜨거워졌다. 마감 후에 돈을 찾는 것도 미안하다고 생각했었는데, 직접 돈을 가지고 오다니……. 그의 기대를 엄청 뛰어넘는 배려요, 서비스였던 것이다.

이것이 바로 고객 감동인 것이다.

오늘은 돈을 받지 않겠습니다

지난해 12월 세미나에 참석하기 위해 서울에 갔을 때의 일이다. 점심을 간단히 먹고 차라도 한 잔 하면 될 것 같아서 식당을 찾아보았지만 마땅치 않았다. 잠깐 고민하다가 옆에 있는 고급 일식집으로 들어갔다. 밖에서 보았던 것보다 더욱 더 고급스러운 실내 장식, 부담스러울 정도로 친절한 직원들, 아름다운 선율의 음악을 들으며 나는 기분이 너무 좋았다.

손님들이 매우 많아서 살아 움직이는 듯한 생동감을 느낄 수 있었고 종업원들 역시 상큼한 미소를 지으며 민첩하게 움직이고 있었다.

생선 초밥을 시켜 두고 그 분위기에 취해 마냥 행복해 하고 있던 나는 문득 시계를 보았다. '아니! 벌써 시간이 이렇게 지나다니……' 자칫 세미나에 늦을지도 모른다는 생각에 갑자기 조급하고 불안해졌다. 급히 종업원들 불렀다. "왜 이렇게 늦게 나오죠? 시간이 좀 급하거든요. 빨리 좀 해 주세요"라고 했더니, 종업원이 미안해 하는 표정으로 "죄송합니다. 손님, 점심 시간이 지났음에도 손님들이 보시다시피 이렇게 많습니다. 모두들 기다리고 계시는 중이라 순서대로 조금 더 기다리셔야 합니다"라고 응대했다.

조급한 마음으로 애를 태우고 있는데, 드디어 식사가 나왔다. 그런데 이건 또 웬일인가? 분명히 생선 초밥을 시켰는데 우동 정식이 나온 게 아닌가. 너무 황당하고 화가 나서 "생선 초밥을 시켰는데 왜 우동이 나왔냐"고 물었더니 "원래 우동 정식 시키신 게 아닌가요?"라며 되물었다.

화가 나서 주문을 잘못 받았으면 사과를 해야지 손님에게 미루면 되겠냐고 언성을 높이고 있는데, 카운터에 있던 삼십대 후반의 남자가 급히 걸어왔다.

자기가 총지배인이라면서 우리 종업원이 무슨 잘못을 한 것 같은데 우선 죄송하다며 앞으로는 직원들 교육을 잘 시켜서 다시는 불편하게 해 드리지 않겠다고 거듭 사과를 하였다.

자초지종을 말했더니 더욱 더 정중한 자세로 사죄의 인사를 한 다음 금방 만들어 오겠다고 했다.

나는 시간이 없기에 그대로 먹고 가겠다고 했더니 2분만 기다리라고 한다. 정말 2분도 채 되지 않아 총지배인이 직접 초밥을 가지고 왔다. 수 차례 더 죄송하다는 인사와 함께.

지배인의 진심과 정성이 담긴 사과에 상한 기분은 다소 해소되었지만 처음에 느꼈던 그 황홀한 이미지는 이미 날아가 버렸고, 아름다운 음악을 들으며 맛있게 먹으려 했던 생선 초밥을 질긴 스테이크를 마지못해 먹는 사람처럼 꾸역꾸역 먹고 나서 계산하기 위해 카운터에 갔더니 총지배인이 "손님 정말 죄송합니다. 오늘은 저희가 큰 잘못을 했습니다. 돈은 받지 않겠습니다. 다음에 다시 한 번 들리시면 그 때는 정말 정성껏 모시겠습니다"라고 하는 게 아닌가.

나는 속으로 기절할 듯이 놀랐지만 태연하게 "무슨 말씀을 하세요. 제가 먹은 음식값은 당연히 내야죠"라며 카드를 주었으나, 기어코 돌려주면서 주소와 전화 번호를 알려 주면 특별 이벤트 행사 때 초청 카드와 특별 사은품을 보내 주겠다고 했다. 나는 속으로 그냥 미안하니까 형식적으로 그러는 거겠지 생각하면서 주소와 전화 번호를 알려 주고 나왔다.

비록 종업원의 잘못이기는 하나 공짜로 밥을 먹고 나니 괜히 미안하고 지배인이 너무나 고마웠다. 그 날 세미나에서 만나는 사람마다 그 일식집에서의 에피소드를 이야기했다. 사람들은 너도 나도 꼭 한 번 가보겠다고 했고, 그 반응은 너무도 대단했다.

열흘 정도 지난 어느 날 사무실에 작은 소포 하나가 배달되었다. 발송인은 바로 그 지배인이었다. 깜짝 놀라 소포를 뜯어 보니 지난번 식당에서 일은 정말 죄송하다는 메시지와 더불어 앞으로 기회를 주신다면 정말 정성껏 모시겠다며 가정의 행복과 건강을 기원한다는 내용의 편지가 행운의 마스코트와 함께 정갈하게 접혀져 있었다.

너무나 감동적이었다. 내가 서울에 갈 때마다 그 집의 단골 고객이 되었음은 말할 것도 없다.

퀵 서비스 운동 *

S 은행에서는 손님에게 "손님, 3분만 기다려 주십시오"라는 '퀵서비스 운동'을 실시해서 호평을 받고 있다.

보통 3분 정도는 기다리는 시간이 즐겁다고 한다. 하지만 5분이 지나면 짜증이 나고 10분이 지나면 초조함과 불안감을 느끼게 된다는 게 심리학자들의 말이다. 그래서 이 심리를 고려해 어떤 업무일지라도 3분을 초과하지 않고 처리해 주는 '퀵 서비스 운동'을 실시하게 되었다는 것이다.

이처럼 고객의 시간에 대한 기대치를 만족시키는 것도 서비스에 있어서는 대단히 중요하다. 오죽하면 웃는 얼굴보다 빠른 서비스가 진짜 서비스라는 말이 있겠는가.

그러한 시간 서비스 방법의 하나로 고객의 심리적 시간을 단축시키는 것이 바로 '대기 시간 예고제'이다. 즉, 고객이 대기해야 할 시간을 미리 알려 줌으로써 마음 속에 시간의 기대치를 낮춘다는 것이다.

대부분 예금을 하거나 찾을 때 걸리는 시간은 3분을 넘지 않고 처리할 수 있으나, 대출 업무는 시간이 많이 걸린다. 이런 경우 "○○분만 기다려 주십시오"라고 기다리는 시간을 정확히 예고해 주면 기다릴 때의 초조함에서 벗어날 수 있을 것이다. 그럼에도 많은 서비스맨들은 "잠깐만 기다려 주세요"라고 막연히 말한다.

---

* 앞의 책 『서비스 이만큼만 해라』 참조.

그러면 손님은 '잠깐만'의 의미를 자기 나름대로의 기준으로 상상하므로 그 기대가 무너질 때 불만이 터져 나오게 되는 것이다.

대기 시간을 예고해 주면 그 시간만큼 손님이 편안하게 기다릴 수 있고, 또한 다른 볼일을 마치고 돌아가면서 통장 등을 찾아갈 수 있으며, 직원은 그 정해진 시간 안에 그 일을 신속하게 처리하려 함으로써 업무 능률도 오르게 된다.

'대기 시간 예고제'를 실시하고 난 후 '고객 만족도'를 조사해 보았더니 이전의 만족도 보다 9%가 좋아졌다고 한다. 이렇듯 서비스 개선의 아이디어는 어디에나 많이 있으므로 소홀히 지나치지 말고 많은 관심을 가져야 할 것이다.

내가 농협에서 맡고 있는 업무는 공제(보험) 업무이다. 그래서 상담 창구를 운영하고 있다. 보험은 업무 특성상 예금과 달리 한 사람, 한 사람 심도 있게 상담해야 하기 때문에 업무 처리 시간이 많이 걸린다. 특히 장날 같은 때에는 객장이 엄청 복잡하다.

나는 어떻게 하면 고객들에게 최대한 빨리 처리해 줄 수 있을지 궁리하다가 절대 시간을 더 이상 단축하기는 어렵고 해서 '대기 시간 예고제'를 활용해 보았다.

고객에게 업무 처리에 소요되는 시간을 알려 주면서 그 시간 안에 다른 볼일을 미리 보게 하는 것이다. 보통 주부들이 은행일 하나만을 가지고 외출하는 게 아니라는 걸 익히 알고 있기 때문이다. 이 방법이 고객으로부터 호평을 받았음은 물론이다.

이처럼 서비스란 고객의 기대를 충족시키는 것이다. 따라서 서비스에 성공하려면 고객이 기대하는 것 이상으로 충족시켜 주거나 고객이 스스로 기대를 낮추게 해야 한다.

그러나 현실적으로 고객이 스스로 기대를 낮추기는 어려우므로 고객이 무엇을 얼마만큼 기대하고 있는지를 정확히 파악하고 그 기대를 뛰어넘을 수 있는 서비스 전략을 수립하고 실천하여야 한다.

5
돌아오지 않는 고객

저는 누구일까요

나는 정말로 좋은 고객입니다. 나는 어떤 종류의 서비스를 받더라도 불평하는 법이 없습니다.

음식점에 가서는 조용히 앉아 종업원들이 주문을 받아 주기를 기다립니다. 종업원들에게 주문을 받으라고 소리를 지르거나 요구하지도 않습니다. 종종 나보다 늦게 들어온 사람들이 나보다 먼저 주문을 받더라도 나는 불평하지 않습니다. 나는 기다리기만 할 뿐입니다. 그리고 내가 무엇인가를 사기 위해 슈퍼마켓을 가는 경우 난 고객의 권력(?)을 휘두르려고 하지 않습니다. 대신 다른 사람들에 대해서 사려 깊게 행동하려고 노력합니다. 만약 무엇을 살 것인지를 결정하지 못해 여러 물건을 놓고 고심하고 있을 때 옆에서 있는 판매원이 귀찮고 짜증난 얼굴을 하더라도 나는 최대한 예의 바르게 행동합니다.

언젠가 내가 주유소에 들른 일이 있었는데, 종업원은 거의 5분이 지난 후에야 나를 발견하고는 기름을 넣어 주고 자동차 유리를 닦으며 수선을 떨었습니다. 그러나 나는 서비스가 늦은 것에 대해서 일언반구의 말도 하지 않고 그 주유소를 떠났습니다.

나는 절대로 흠잡거나 잔소리를 한다든가 비난을 하지 않습니다. 그리고 다른 사람들이 종종 하듯이 시끄럽게 불평을 늘어 좋지도 않습니다. 나는 그런 행동들이 쓸데없이 시간을 낭비하는 것이라는 생각이 듭니다.

솔직히 나는 너무나 멋진 고객입니다.

여러분! 내가 누구인지 궁금하시죠?

나는 바로 '다시는 돌아오지 않는 고객' 입니다."

고객으로부터 온 편지 *

매니저 귀하

본인은 나 자신을 귀사와 같은 백화점에서는 가장 다루기 쉬운 고객의 한 사람이라고 생각하고 있습니다. 나는 사실 어떤 불쾌한 응대를 받았다 하더라도 쉽게 불만스러운 말 한 마디 하지 않는 사람입니다. 레스토랑에 가면 자리에 앉아 웨이터가 와 주기만을 잠자코 기다리는 스타일의 사람입니다.

내가 주문한 햄버거가 이미 나와 있는 것조차 아랑곳하지 않고

* 『고객 만족 경영 전략 101』(여춘돈, 계몽사, 1996) 참조

친구 웨이터와 잡담에 빠져 있는 담당 웨이터에게도 결코 짜증스럽게 표현하거나 언성을 높여 꾸짖거나 하지 않는 사람입니다.

뿐만 아니라 내가 주문한 햄버거가 나보다 뒤에 주문한 손님에게 먼저 제공되었다 하더라도 그 웨이터에게 불편한 마음을 표현하지 못하는 사람이며 웨이터가 나중에 자기 실수를 알고 사과해 온다 하더라도 나는 결코 그에게 언성을 높여 꾸짖거나 하지 않고 음식이 나올 때까지 기다리는 성품의 사람입니다.

나의 이와 같은 성품은 비단 레스토랑에서만 그런 것이 아닙니다. 매장에서 쇼핑을 할 때도 나 스스로 '나는 고객이다' 라는 의식적인 행동이나 태도를 가지지 못하는 사람입니다. 나는 오직 자신이 사고자 하는 물건을 스스로 결정하기 위해 비슷비슷한 몇 가지 상품들을 묵묵히 직접 살펴보면서 매장을 돌아볼 뿐입니다.

매장 종업원이 앞에 다가서서 이것저것 도와주겠다고 하면 나는 정중하게 거절하면서 스스로 직접 돌아보는 습관을 가지고 있습니다. 이것은 종업원들에게 불필요한 수고를 끼치지 않겠다고 하는 나의 생활 태도입니다.

그런데 나는 며칠 전 귀 백화점에서 헤어 드라이어 하나를 샀습니다. 2주일 정도 사용했는데 유감스럽게도 고장이 나고 말았습니다. 이것을 들고 백화점 그 코너로 찾아간다는 것이 마음 내키지 않는 일이었지만 '매장은 이것을 메이커의 A/S 센터에 보내주기만 하면 되고, 나는 당연히 수리 비용을 부담하면 될 것이다' 라고 생각하고는 그 매장으로 갔습니다.

그런데 유감스럽게도 매장 종업원은 나의 이와 같은 선량(?)한 마음을 완전히 짓밟아 버렸습니다. 종업원은 내 말을 끝까지 들어 보지도 않고 "사용 방법을 잘 읽어 보시고 사용하셔야죠. 그랬으면 이렇게 될 리 없지요"하고는 더 이상 나의 설명을 들으려 하지 않았으며, 더 이상 나에게 시간을 주지 않았습니다.

나는 그 장소에 머물러 있을 이유가 없었습니다. 나는 웃는 낯으로 인사를 하고 그 곳을 떠나왔습니다.

나에게는 일반 고객이 갖고 있지 않는 독특한 고집이 있습니다. 나는 이와 같은 불친절한 경우를 당하게 되면 바로 '다시는 이 백화점에 오지 않겠다'라고 결심해 버리는 고집이 있습니다. 나는 이 고집을 그 매장의 불친절에 대한 대가라고 생각하고 있습니다.

다시 가지 않겠다고 결심한 이상 비록 그 백화점이 특별 서비스 행사를 실시한다 할지라도 나는 추호도 관심을 기울이지 않습니다. 물론 이와 같은 결심은 많은 갈등을 수반하게 됩니다. 그러나 그 매장으로 하여금 응분의 대가를 치르도록 한다는 결심과는 결코 비교할 수 없는 사소한 것에 불과하다는 생각으로 차라리 나는 이 정도의 갈등은 감수하기로 한 것입니다.

이와 같은 생각을 가지고 있는 고객은 결코 나 한 사람만이 아닐 것입니다. 만일 귀 백화점 고객으로서 백화점에 대한 인식이 점차 이 같은 경향으로 확대되어 간다고 하면 백화점은 자신도 느끼지 못하는 사이에 고객 감소라는 비극적인 현실을 피할 수 없게 될지도 모릅니다. 고객 가운데서 나와 같은 생각을 가진 사람이 의외로 많다는 것을 인식하기 바랍니다.

주변에 막대한 비용으로 고객에게 최선의 서비스를 약속하고 있는 경영자를 많이 봅니다. 나는 그들에게 무언의 충고를 하고자 합니다.

'이 친구들아 무엇보다도 먼저 내가 고장난 드라이어를 들고 갔을 때 그 짧은 순간, 차라리 억지라도 좋으니 웃는 모습으로 친절하게 안내해 주기만 했더라도 …… 나는 백화점을 다시 찾아가는 고객이 되었을 텐데 말이야 …….'
감사합니다.
다시는 귀 백화점을 찾지 않기로 결심한 사람으로부터

이상의 두 편의 글은 매우 의미심장한 것이다. 고객의 입장이 되어 이 글을 읽는다면 당신은 고객의 기분을 충분히 공감할 수 있을 것이며, 만일 당신이 기업측 입장에서 이 글을 읽는다면 당신은 고객의 속성과 불만에 대해 인식을 새롭게 할 수 있을 것이다.

이 시대를 살아가는 다수의 보통 고객들이 이렇게 행동할 것이다. 물론 나 자신도 위와 같은 고객으로 행동하고 있다.

내가 보험 세일즈에 입문하면서 제일 먼저 떠올린 것이 위의 글이었다. 말이 없는 다수의 고객을 무서워하리라고 다짐했었다. 고객이 불만을 말하지 않는다고 해서 정말 불만이 없는 것은 아니라는 점을 늘 의식하려 애쓰며 세일즈에 임했다.

거래를 중단하는 이유

애써서 거래 관계를 맺은 고객을 불친절이나 불량 서비스로 인하여 다시는 발길을 돌리지 않도록 한다는 것은 정말 안타까운 일이다. 참으로 멍청한 일이라 아니 할 수 없다.

신규 고객을 붙잡기 위하여 애쓸 것이 아니라 기존의 고객을 잘 관리함으로써 고객을 확대 재생산할 수 있어야 한다. 세계적인 신뢰도를 자랑하는 ASQC(American Society for Quality Association)가 각 산업에 종사하는 경영자들을 대상으로 한 설문 조사 결과를 보면 서비스맨들이 고객에게 어떻게 해야 할지가 극명하게 나타난다. 기존의 고객이 왜 거래를 중단하는지 한 번 알아보자.

> 1% : 사망
> 3% : 특별한 이유 없이 그저
> 5% : 친지의 영향
> 9% : 경쟁 업체의 경쟁력―예상외로 적은 비율임을 상기하라.
> 14% : 제품에 불만이 있어서―경쟁 업체의 제품과 서비스가 좋아서 거래가 끊기는 것보다 자사 제품에 대해 불만을 가질 때, 그리고 그것이 잘 해결되지 않을 때 당신의 고객이 떠난다는 것을 기억하자.
> 68% : 직원의 무관심―당신을 고객으로 대우해 주지 않을 때, 당신은 마음 속에서 끓어오르는 분노를 참았던 기억이 있을 것이다.

이 조사 결과를 보고 어떤 생각을 하였는가?

고객을 만들고 유지하는 비용

TV 광고의 황금 시간대는 역시 저녁이다. 저녁 7시에서 9시 사이의 30초 광고를 통해 어떤 제품을 고객에게 널리 알리고 싶어 하는 회사가 있다고 가정하자. 그들은 이 시간대의 30초 광고를 통해 불특정 다수의 시청자들로 하여금, "저 광고, 내가 한 번은 본 적이 있어"라고 말하게 하려면 적어도 매일 한 번씩 전부 몇 번쯤 방영하여야 할까?

한 연구 결과에 따르면, 60번 정도 계속하여야 한다고 한다. 따라서 일반적으로 광고주들은 약 절반 정도의 시청자들이 인지하는 수준에서 비용을 관리한다고 한다. 새로운 고객을 만들어 낸다는 것은 이처럼 매우 돈이 많이 드는 행위라는 것을 보여 주는 예라 할 수 있다.

새로운 고객을 만들어 내는 데 들어가는 돈은 기존 고객을 유지하는 데 드는 돈의 무려 5배에 달한다는 연구도 있다. 더 놀라운 것은 한 번 돌아선 고객의 마음을 되돌리는 데 드는 돈은 무려 11배에 달한다는 점이다.

그런 줄을 안다면 지금 당신과 거래하고 있는 고객을 정말 왕 모시듯 해야 함을 알 수 있다. 고객 중에서도 기존의 거래 고객이 진짜 왕인 것이다.

당신이 존재하는 이유

얼마 전 한 카드사에서 있었던 일이다. 한 고객이 100만 원이 넘는 돈을 10원짜리 동전으로 준비해 결제하는 장면이 TV에 방영된 적이 있다. 고객이 결제 대금을 연체했다 하여 마치 죄인처럼 독촉을 하다가 고객의 분노를 산 것이다. 또한 이 카드사의 인터넷 사이트에는 고객들의 항의가 빗발치고 있다.

C시에 있는 한 금융 기관. 한 고객이 화염병을 던져 순식간에 불바다가 되었다. 이 역시 동전을 지폐로 교환하러 온 고객의 비위를 건드려 분노를 산 것 때문이었다. 물론 그 고객의 정신적인 건강에 문제가 있었다는 점과 분노의 표현이 너무 지나쳤음은 말할 것도 없지만 고객의 분노는 의외로 작은 것에서 비롯될 수 있음을 알 수 있다.

얼마나 화가 났으면 자신의 분노를 그렇게 표현할 수밖에 없었을까? 고객이 다 잘 했다는 것은 물론 아니다. 하지만 사건의 결과만 놓고 고객의 정신적 건강 운운하기 전에 정말 최선을 다해 고객을 대했는지 돌아보아야 하지 않을까.

S시에 있는 ○○ 백화점에서 쇼핑을 하다가 시간 가는 줄 모르고 있던 K 여사. 8시가 조금 넘은 시간 후문으로 백화점 종업원들과 함께 나가다가 봉변을 당한 것이다.

퇴근 시간 후문으로 나가는 종업원들의 몸 검사와 소지품 검사를 하는 곳을 지나야 밖으로 나갈 수 있는 시스템이 갖추어져 있던 것이다. 줄을 서서 기다리고 있는 종업원들은 조금 전 백화점에서 보았던 이미지와는 전혀 다른 모습이었다.

유니폼을 벗어 던진 그들은 찢어진 청바지와 배꼽티, 속이 다 들여다보일 정도의 아슬아슬한 미니 스커트와 짙은 화장, 거기다 서슴없이 뱉어대는 욕지거리 등등. 순서를 지키며 줄을 서 있기가 너무 민망했다. 그래서 출입구 쪽으로 뛰어가서 사정 이야기를 했더니 지금 시간에는 고객이라도 소지품 검사를 해야 한다는 것이었다.

그런 법이 어디 있느냐고 화를 내기도 했지만 소용이 없었다. 할 수 없이 핸드백과 몸을 맡기면서 겪었던 치욕감은 5년의 세월이 지난 지금도 잊을 수 없어 그 백화점은 근처에도 가지 않는다고 했다.

이런 사례들을 보면 아직도 많은 곳에서 고객알기를 우습게 아는 행태가 빈발하고 있음을 알 수 있다.

고객 만족이니 서비스 혁신이니 고객 제일주의니 하지만 보여주기식 서비스에 급급할 뿐 아직도 우리의 서비스 수준이 아마추어 수준에 머물러 있는 곳이 의외로 많다.

이젠 서비스도 프로의 시대다. 프로들은 자신의 편의를 먼저 생각하기보다 고객의 입장을 먼저 생각한다.

프로들이 생각하는 고객이란 다음과 같다.

첫째, 고객이 내 삶의 기반이다.

둘째, 고객에게 행복과 기쁨을 주는 것이 나의 존재 이유이다.

셋째, 고객이 나에게 의존하는 것이 아니라 내가 고객에게 의존하는 것이다.

넷째, 고객은 나의 서비스와 대접을 최고 수준으로 받을 권리가 있다.

내가 있고 고객이 있는 것이 아니라 고객이 있음으로써 내가 존재하고, 고객에게 기쁨을 주기 위해 내가 존재한다고 생각하는 것이 바로 프로들이다.

당신의 존재 이유는 무엇인가? 한 번 생각해 보자.

6
진정한 서비스란

 알타비스타에서 '고객 서비스'라는 검색어를 입력하면 409만 4413가지의 결과가 나오고, 아마존 닷컴에서는 880권의 관련 도서가 출력된다고 한다. 그만큼 고객 서비스에 대한 관심이 엄청나다는 반증이라고 할 수 있겠다.
 마케팅 담당자에게 '고객 관계 관리(CRM)'에 대해 물어 보면 거의 모두가 전문가 수준의 답변을 제공해 준다. CRM이란 고객이 원하는 것이 무엇인지를 파악하고, 그들이 원하는 것보다 더 많은 것을 제공할 수 있는 능력과 시스템을 갖추는 것이라고 한다. 이를 위해서 조사, 통계, 마케팅, 현장 서비스, 지원 센터 등이 총동원되어 오직 고객만을 위해 운영되어야 한다는 것이다.

스마일이 아니라 시스템

서비스나 고객에 대하여는 넘쳐날 정도로 많은 이론이 정립되어 있고 말들도 많다.

그러나 이론이 많다고 해서 실제로 그만큼 고객들이 왕대접을 잘 받고 있지는 못하다. 그래서 서비스가 문제인 것이고, 아무리 개선이나 혁신을 외쳐도 말처럼 잘 되지를 않는 것이다.

적지 않은 기업들이 고객을 만족시키기 위하여 나름대로 노력을 하고 있기는 하다. 반면에 또 적지 않은 기업들은 가짜 친절 서비스로 고객을 현혹하기도 한다. 즉, 진심이 담겨 있지 않은 '말로만 하는 서비스'가 이루어지고 있는 것이다.

서비스에 관심을 가지고 있는 최고 경영자 중에도 고객 서비스가 친절한 웃음과 차분한 인내심 정도면 그런 대로 해결이 되는 것으로 알고 있는 이가 적지 않다. 한심한 일이 아닐 수 없다.

어느 기업이 제대로 된 서비스를 제공하려면 그 기업의 CEO가 서비스에 대하여 최소한 8시간의 강의는 할 수 있을 정도로 이론 무장과 신념이 있어야 한다고 한다. 그런데 많은 CEO들이 직원들에게 하는 훈시는 고작 "고객에게 인사 잘 하고, 웃는 얼굴로 대하라"는 수준에 머물고 있다. 그러니 우리 나라에 제대로 된 서비스를 제공하는 기업이 극히 드물 수밖에 더 있겠는가.

대기업이든 중소 기업이든, 큰 조직이든 작은 조직이든 당신이 만약 최고 경영자라면 과연 서비스에 대하여 몇 시간을 제대로 강의할 수 있는지 차제에 반성 있기를 바란다.

물론 인사도, 미소도, 그리고 인내심도 좋은 서비스의 구성 요소는 되겠지만 그것은 아주 작은 부분에 지나지 않는다. 진짜 서비스는 고객의 문제점을 확실히 해결해 주는 것이다. 한 번에 정확하고 신속하게 일을 처리해 주고, 그것이 잘 되지 않았을 때 어떻게 대응해야 하는지가 적절한 시스템으로 되어 있어야 한다. 그것이 서비스에서는 정말 중요하다.

아무리 예의 바르게 고객을 응대한다 하더라도 제대로 일을 해 주지 않는다면 혹은 문제가 일어났을 때 즉각 대응할 수가 없다면 무의미하기 때문이다.

다음의 사례를 통해 무엇이 진정한 서비스인지 되돌아보자.

인터넷 문고 사례

몇 달 전 ○○ 문고 웹사이트를 통해 여러 권의 책을 신청하였다. 그 서점은 전통이 깊은 곳으로 주문을 하면 가장 정확하고 신속하게 배달해 주는 것을 자랑하는 곳이다.

주문한 바로 다음 날 책들이 도착했는데, 2권이 빠져 있었다. 고객 지원 센터에 전화를 걸어서 주문한 책 중 2권이 도착하지 않았다고 말했더니 지원 센터의 직원은 매우 친절하고 싹싹하게 응대를 하였다.

"아, 정말 죄송합니다."

직원은 말했다.

"그 책이 창고에서 아직 입고되지 않아서 이번에 보내질 못했습니다. 내일까지 배달해 드리도록 하겠습니다. 불편을 끼쳐 드려 죄송합니다"라고 하더니 "더 주문하실 책은 없으신가요?"라고 묻는다. 좀 얄밉다는 생각이 들었다.

"아뇨, 없습니다"라고 대답하고 전화를 끊었는데, 책은 그 다음 날에도 도착하지 않았다.

고객 지원 센터에 다시 전화를 걸었다. 이번에도 역시 또다른 매우 친절한 직원이 전화를 받았다.

"책은 이미 배달 목록에 포함되어 있습니다. 오늘 중으로 받으실 수 있을 겁니다. 불편을 끼쳐 드려 죄송합니다"라고 정중히 사과하면서 역시 또 "더 필요하신 책은 없으신가요?"라고 묻는다. 아마도 그들은 그런 물음이 세일즈적 서비스(SS)의 이치에 맞는 것이라고 생각하는 모양이었다.

"아뇨, 됐습니다"라고 대답했다. 그러나 책은 그 날도 도착하지 않았다.

다시 전화를 걸어 보내 주었다는 책이 지금까지 오지 않았다고 전하자 발송 중 사고가 발생했다면서 긴급으로 다시 발송해서 내일 중으로 꼭 받아 보게 해 주겠다고 했다. 그러나 그 다음 날도 책은 도착하지 않았다.

이쯤 되니 화가 날 수밖에 없었다. 서점에 팩스로 구입 취소의 내용과 함께 금액을 표시하고 결재 계좌로 입금시켜 달라고 했다.

그러나 서점으로부터 아무런 응답이 없었다. 전화도, 이메일도, 배달도 아무것도 ……. 다시 고객 지원 센터에 전화를 걸었다. 팩스를 받은 사실이 없다고 했다. 물론 고객 지원 센터 직원들은 더할나위없이 친절했다. 더 필요한 책이 없는지 확인까지 하면서 말이다.

그러나 이게 무슨 서비스란 말인가?

국내 항공사의 사례

우리 나라 서비스의 최고 자존심이라면 아마 항공사를 꼽을 것이다. 이들 항공사는 우리 나라 서비스 분야의 선두 주자로서 100가지의 불만 사례를 분석, '고객 불만 제로 운동'까지 펴고 있다. 하지만 이들이 완벽한 서비스 시스템을 갖추었다고 자신 있게 말할 수 있는가? 물론 스마일면에서는 거의 완벽한 상태라고 점수를 줄 수 있을 것이다. 하지만 시스템상의 문제는 아직도 많이 개선되어야 한다고 생각한다.

언젠가 광주로 출장을 갈 일이 있었다. 서울에서 첫 비행기로 가야만 그 날 강의 시간에 맞출 수가 있었다. 오전 6시 30분 비행기로 기억되는데 새벽부터 일찍 준비해서 부랴부랴 달려갔더니 안개 때문에 결항이라는 것이었다. 너무나 당황스럽고 속이 타 잔뜩 화가 나 있는데, "죄송합니다. 죄송합니다"라고 말은 하지만 날씨 때문에 이륙하지 못하니 자신들의 책임은 아니라는 듯 당당한 표정으로 웃으며 이야기하였다.

적어도 그 상황은 웃고만 있을 상황은 아니었다고 생각한다. 고객의 입장에서는 울어도 시원치 않을 지경이었다. 웃음도 때와 장소를 가려서 웃어야지 고객은 화가 나 어찌할 줄 모르고 있는데 상대는 생글생글거리며 웃는 모습을 상상해 보라. 이런 경우 웃음이 과연 서비스인가?

결국 비행기를 포기하고 총알 택시로 갈아타고 전국을 누빈 적이 한두 번이 아니다. 몇 일이 지난 후 환불을 요구하면 카드로 결제된 상태라서 절차가 복잡하다며 1년 이내에 다시 사용하면 된다고 했다.

어쩌면 그렇게 자기들의 실속만 챙기는지 정말 야속하다는 생각이 들었다. 다시 사용하려고 하니 같은 지역으로 가는 것이 아니면 잔액이 남아 정리가 복잡하다고 다시 같은 곳에 갈 기회가 있으면 사용하라고 한다. 그런 연유로 해서 내 가방 속에 사장되고 있는 비행기 티켓이 여러 장 있다. 세월이 흘러서 사용하지 못하는 휴지 상태로 말이다. 홈페이지에 항의글을 올렸지만 무책임하고 형식적인 간단한 답변은 더더욱 나를 화나게 만들었다.

지금은 개선이 되었는지 모르나, 만약 같은 상황이라면 우리나라 최고의 서비스 기관답게 시스템의 일대 쇄신이 필요하다고 생각한다.

금융 기관의 사례

은행 하면 친절의 대명사라고 할 수 있다. 깔끔한 복장, 쾌적한 환경, 또한 그 어느 서비스 기관보다 친절 서비스를 먼저 시작한 곳이다.

요즈음 대부분의 은행들은 상냥한 미소, 전화 응대 등 만반의 준비를 갖추고 서비스에 응하고 있다. 하지만 그러한 MS식 서비스로 고객을 만족시킬 수 있는 시대가 아니다. 왜냐하면 고객의 욕구가 미소나 상냥함으로 해결되기에는 너무나 복잡하고 다양해졌기 때문이다.

MS 서비스는 작은 식당에서부터 슈퍼에 이르기까지 나름대로 종업원 교육을 시키고 있다고 할 수 있다. 문제는 시스템이다.

상냥한 미소와 아름다운 목소리로, "죄송합니다. 지금 전산에 문제가 생겼거든요. 회선이 장애라서요. 지금 수리 중이니 조금만 기다려 주세요"라고 말한다면 이건 서비스라고 할 수 없다.

어느 정도 기다려야 되는지, 몇 분 뒤면 정상적으로 가동이 되는지, 만약 그 사이에 긴급한 일을 해결해야 할 고객이라면 어떤 대안이 있는지 예고를 하고 안내를 해야 할 것이다. 그래야만 SS가 된다.

'전산 장애'니 '다운'이니 하는 전문 용어로 고객에게 겁을 주어서는 안 될 것이다.

고객에 대한 서비스를 어떻게 펼쳐야 하는지에 관한 정보는 여기저기에 범람하고 있다고 해도 과언이 아니다. 하지만 대부분은 고객 충실 전략, 시스템 집약, 충실 지원 등의 어렵고 애매 모호한 용어로 사람들을 혼란스럽게 만들고 있을 뿐이다.

고객 서비스란 그렇게 애매 모호한 것이 아니다. 고객이 원하는 것을 시원하게 해결해 주면 그것이 바로 최고의 서비스이다.

고객 서비스의 이론적 '비밀'을 알기 위해 수많은 인력과 자원, 거금의 돈을 낭비할 필요가 없다. 수많은 정보와 전략, 컨설턴트들의 조언 따위도 알고 보면 쓸데없는 낭비인 경우가 대부분이다.

CEO가 서비스에 대해 신앙 같은 의지만 있다면 고객의 욕구 해결을 위한 시스템은 쉽게 가동할 수가 있을 것이다. 이것이 고객 서비스의 진실이다.

그리고 이 간단하고도 명확한 진실이 회사가 서비스를 통해 성공할 수 있는 가장 중요한 요소가 되는 것이다.

은행, 항공사, 백화점, 어느 기관에서나 장사에 필요한 것은 홀

류한 서비스를 보증하는 시스템이지 미소가 아니다. 시스템의 각 부분이 일체가 되어서 고객의 요망에 따르는 효율적인 프로세스를 만들어 내지 않으면 안 된다.

고객에게 상냥하고 예의 바르게 대하는 것이 고객 서비스에서 차지하는 비율은 20%에 지나지 않는다. 중요한 것은 한 번에 정확히 일을 완성하기 위한 시스템을 디자인하는 것이다. 고객의 요망에 부응하지 못하는 상품이나 서비스는 어떠한 종류의 스마일을 모두 합한다 해도 대체할 수가 없는 것이다.

7
친절은 사랑이다

소낙비가 쏟아지는 어느 날 오후, 조그마한 가구점 앞에서 다리를 절룩거리는 할머니가 비를 맞고 추녀 밑까지 와서 상점 안을 기웃거리고 있었다. 보아하니 가구를 사려는 사람 같지는 않았다.

그러나 가구점 안에 있던 젊은 점원은 얼른 뛰어 나와서 "할머니, 다리도 불편하신데 밖에 계시지 말고 안으로 들어오세요"라고 하면서 할머니를 안으로 모시려고 했다.

그러자 할머니는 "아닐세 젊은이, 나는 물건을 살 사람이 아니고, 내 자동차 운전수가 올 때까지 추녀 밑에서 기다리면 돼"라고 하면서 들어가지 않으려고 했다. 그러나 그 젊은 점원은 기어이 할머니를 안으로 모시고 들어와 안락 의자에 편안히 앉게 하고 따뜻한 물 한 컵을 갖다 드렸다.

그리고는 혹시 할머니를 찾는 자동차가 그냥 지나쳐 가지는 않을까 몇 번이고 밖을 내다 보았다. 그러던 중 할머니는 안락의자에 비스듬히 누운 채로 스르르 잠이 들었다. 점원은 얼른 모포 한 장을 가지고 와 가만히 덮어 주었다.

얼마 후 승용차 한 대가 상점 앞에 와서 운전 기사가 여기저기 둘러 보는 것을 점원이 발견하고 급히 나가 기사를 상점 안으로 불렀다. 기사는 할머니가 편안히 잠이 든 것을 보고 빙그레 웃으면서 다시 승용차 쪽으로 가서 차의 의자를 수평으로 눕혀 놓고 들어와 양팔로 할머니를 안아 차 의자에 눕혀 모시고 천천히 출발하였다.

점원은 어느 손님에게나 하듯이 그 가구점 명함 한 장을 기사에게 주고 승용차 문을 소리 없이 닫아 주며, 차가 떠날 때까지 친절히 도와 주고 들어왔다.

그 상점 옆의 다른 상점 점원들은 그 광경을 보고 "저런 할머니에게 아무리 친절을 베풀어 보았자 가구를 사갈 사람도 아닌데 저토록 친절을 베푸나?" 하면서 비웃었다.

며칠 후 그 작은 가구점에는 깜짝 놀랄 만한 편지 한 장이 날아왔다. 그 편지는 바로 미국의 강철왕이라고 불리는 대재벌 카네기로부터 온 편지였다. 봉투를 뜯어 보니 거기에는 어마어마한 내용이 적혀 있었다.

며칠 전 비 오는 날, 우리 늙으신 어머니에게 베풀어 준 친절에 진심으로 감사합니다. 우리 어머니의 요청으로 이번에 새로 크게 지은 우리 저택에 들여놓을 가구 일체와 우리 회사 사무실에 새로 갈아넣을 집기 일체를 당신 상점에 주문 요청하오니 빨리 와서 주문을 받아 가시오.

어떤가? 이처럼 친절은 바로 사랑인 것이다.

10만 원이 꼭 필요합니다

유난히도 눈이 많이 내리던 어느 날이었다. 곱게 생긴 중년 부인이 10만 원짜리 수표 한 장을 창구에 제시하면서 현금으로 교환해 달라고 했다.

수표를 받아서 확인해 보니 다른 은행의 수표였다. 그것도 추심을 해야 하는 수표였다. 서울의 해당 은행으로 등기 발송하여 결제를 받은 다음에 손님의 통장으로 입금되는 절차를 밟아야 했다.

그 중년 부인에게 자세하게 안내해 주었더니 아주 난감해 했다. 지금 꼭 돈이 필요하다고, 무슨 방법이 없겠냐며 몇 번씩 물어 오는 부인은 한 번도 본 적이 없는 낯선 부인이었고, 말씨 또한 서울 말씨여서 이 지역 사람이 아님을 금방 알 수 있었다.

돈을 찾을 방도를 알려 달라고 애절하게 사정하는 부인이 하도 딱해서 나는 내 통장에서 10만 원을 찾아 손님의 수표와 교환해 주어야겠다고 생각하였다. 그래서 수표 뒷면에 이서를 해 달라고 하고 주민등록증을 요구했으나, 서울에서 급히 오느라 주민등록증도, 현금 카드도 아무것도 가지고 오지 않았다고 했다.

갑자기 난감해진 나는 어떻게 해야 할까 망설이고 있는데, 그 중년 부인이 이번에는 눈물까지 글썽이며 편의를 봐 주면 그 은혜 절대로 잊지 않겠다고 사정하는 것이 아닌가?

나는 잠시 생각했다. 그리고 서울에 있는 해당 은행으로 전화를 걸어서 우선 수표의 이상 여부를 확인했다. 현재까지는 이상이 없다고 했다.

  1차 확인이 되었고, 누군가 선의의 피해자가 생기지만 않으면 문제가 되지 않겠다는 확신이 생겼다.

  '그래 10만 원이야. 만약 저 부인이 거짓말을 하고 있다고 해도 10만 원 적선했다고 생각하면 되는 거야' 라고 결론을 내렸고, 나는 내 통장에서 10만 원을 인출하여 수표와 교환하여 주었다.

  그 부인은 너무 감사해 하며 명함 한 장만 달라고 했다. 나는 별다른 생각 없이 명함 한 장을 주었다. 다시 몇 번의 감사 인사와 함께 그 부인은 사라졌고, 주변의 동료들은 왠지 꺼림직한데 왜 그런 모험을 했냐며 안타까워했다.

  내 생각대로 수표는 이상이 없었다. 정확하게 3일 뒤 수표가 결제되어 내 계좌로 입금되었다. 급한 상황에 처한 사람에게 좋은 일을 했다는 뿌듯함으로 기분이 좋았다.

  몇 달 후 낯익은 부인이 찾아왔다. 환한 미소로 반가운 인사를 하는 그 부인은 바로 그 10만 원짜리 수표의 주인공이었다. 차 한 잔 사고 싶다는 부인의 호의를 거절하면 안 될 것 같아서, 우리 사무실 자동 판매기 커피가 가장 맛있다고 능청을 부리며 그 부인의 이야기를 듣게 되었다.

  지난 1월 뜻하지 않은 사고로 남편을 잃고 너무 막막하고 답답해서 겨울 바다도 볼 겸 친정인 이 곳을 찾았다고 했다. 친정 동네라고는 하지만 이미 부모님은 모두 돌아가셨고 남동생은 미국으로 이민을 간 상태였다. 옛날 살던 동네는 재개발로 온통 공장 지대로 변했고, 슬픔에 젖어 이곳저곳을 찾아 다니다 그만 버스에 핸드백을 두고 내렸다고 했다. 급히 택시를 잡아 타고 버스 회사를 찾아보았지만 결국 핸드백을 찾지는 못하였다.

눈이 많이 와서 이미 서울 가는 차편도 끊겼고 어쩔 수 없이 여관에서 하루 묵어야 하였기에 수표 교환을 하려고 했었던 것이다. 그 날은 우울한 기분 때문에 구차한 얘기를 하고 싶지 않았는데, 뜻밖에도 친절하게 편리를 봐 주어서 너무 고마웠다고 했다. 이제 이 곳으로 이사 왔다며 보통 예금 계좌를 개설했다. 몇 일 뒤 부인은 2억 원짜리 자기앞 수표를 가지고서 다시 찾아왔다.

내가 베풀 수 있었던 작은 친절. 그 때는 이런 큰 대가는 상상도 하지 않았었다. 단지 너무 안타까워서 베푼 그저 평범한 친절이었는데 이렇게 큰 이자와 함께 나는 보상을 받았던 것이다. 역시 친절은 사랑이다.

소낙비

장마철로 접어들어 장대비가 쏟아지던 어느 토요일. K 농협의 K씨는 볼일이 있어 강릉에 갔다가 동해로 돌아오고 있었다. 빗방울은 더욱 굵어져 충분한 시야 확보도 어려운 상태로 속도를 최대한 낮추어 운전을 하고 있었는데, 안인 근처를 지날 즈음 어느 노인이 비를 맞으며 양손에 짐을 들고 걸어가고 있었다. 그 모습이 너무 힘들어 보여 잠깐 차를 세우고 노인에게 어디까지 가는지 여쭈어 보고, 모셔다 드리겠으니 타시라고 해서 같이 동승하게 되었다.

백미러로 노인의 얼굴을 보니 안도의 한숨을 내쉬고 있었다. 잠시 그렇게 시간이 지나고 노인이 말을 걸었다.

"어디서 뭐 하는 뉘댁 색신가?"

"저는 ○○ 농협에 근무하는 ○○○입니다. 할아버님은 어디 사세요?"

"나는 ○○동에 사는 L이네."

이런저런 이야기를 주고받으며 동해까지 오게 되었다. 노인은 고맙다는 말을 되풀이하며 차에서 내렸다.

한 달 정도 지났을까? 사무실로 그 노인이 찾아왔다.

"그 때는 너무 고마웠네" 하시며 서울에 있는 자식들이 보내 준 생활비를 매달 모은 돈이라며 알아서 좋은 상품으로 예치해 달라고 하면서 1억 원의 돈을 꺼내 놓으셨다.

그 후로도 K씨는 L 노인에 대한 관리를 계속하여 단골 고객으로 발전시켰고, 이젠 공직에 계시다 퇴직하시는 후배들까지 소개해 주시는 열성 고객으로 발전하셨다.

역시 친절은 사랑이다.

할머니의 따뜻한 사랑

가을 하늘이 눈부시게 아름다운 10월.

○○ 농협의 ○○○ 씨는 다른 날과 다름없이 평범한 일상으로 분주히 보내고 있었다. 점심 시간이 지나고 오후 3시쯤, 안면이 있는 할머니 한 분이 통장과 도장을 주면서 3만 원을 찾겠다고 하였다.

통장을 확인해 보니 잔액이 없었다.

"할머니, 통장에 돈이 하나도 없어요"라고 말씀드렸더니 "무슨 얘기야? 동사무실에서 입금했을 텐데"라고 하면서 다시 한 번 확인해 달라고 했다.

통장을 자세히 살펴보니 매달 동사무소에서 교통비가 지원되고 있었다. 입금 일자가 일정하지 않아서 할머님이 무언가 착각을 하신 것 같았다. 동사무소에 전화해서 입금 여부를 확인해 보니 3일 뒤에 입금된다고 했다.

"할머니 동사무실에서 3일 후에나 입금된다고 하는데요"라고 말씀 드렸더니 "어차피 줄 건데 빨리 주면 좀 좋아"라고 투덜거리면서 난처한 표정을 지으셨다.

"할머니, 돈이 급하세요?"하며 물었더니 "감기가 심해서 밤새 끙끙 앓았어. 밥도 못 먹겠고. 그 돈 찾아서 병원에 가려고 했는데……"라고 하시며 말끝을 흐린다.

"할머니, 자식들은 가까이 없어요?"라는 물음에 아들은 서울에 있고 딸은 부산에 있는데, 1년에 한두 번 명절 때나 본다고 하시면서 눈물을 글썽거리셨다. 그러고 보니 할머니의 안색이 많이 안 좋아 보였다. 기침도 조금씩 하면서 힘들어하는 할머니를 보자 마음이 아팠다. ○○○ 씨는 출금표에 도장을 찍어 두고 통장을 맡겨 두고 가시라면서 우선 3만 원을 할머니께 드렸다.

할머니는 너무 고마워 하시면서, 색시도 감기가 심한 듯한데 함께 병원에 가자고 하셨다. 아직은 견딜 만하고 또 바빠서 시간도 없다고 말씀 드렸더니 높은 사람께는 당신이 말씀해 주신다고 하면서 막무가내였다.

겨우 설득하여 보내고 나니 할머니의 따뜻한 마음이 느껴지며 저절로 입가에 미소가 지어졌다. 한 시간쯤 지났을까? 할머니가 다시 들어오셔서 약 봉투를 책상에 놓으시며, "색시! 아까 목소리가 약 안 먹으면 많이 아프겠더라. 그래서 내가 약을 이틀분을 지어 왔어"라며 씨익 웃으시면서 도망치듯 나가셨다. 할머니를 따라 뛰어 나갔지만 막무가내인 할머니 정성에 두 손을 들 수밖에 없었다.

"할머니 고맙게 잘 먹을게요. 그리고 감기 꼭 나을게요"라고 말씀드리기도 전에 할머니는 저 멀리 사라지셨다. 가슴이 뭉클해져 하늘을 올려다보았다. 하늘은 더욱 더 파랗고 아름다웠다.

약 봉투를 만지고만 있어도 감기쯤은 저 파란 하늘로 다 날려 보낼 수 있을 것 같았다.

할머니와의 인연은 그렇게 시작되었다. 그 후에도 몇 번이나 더 입금이 되지 않았다고 투덜거리시는 할머니와 그녀는 아주 친근한 사이가 되었다. 아무리 바빠도 할머님이 나오시면 따뜻한 차, 시원한 음료를 대접했으며, 친할머니와 손녀처럼 다정하게 지내고 있었다.

그러던 어느 날 할머니가 처음 보는 중년 남자와 함께 오셔서 ○○○ 씨를 찾으셨다. 함께 온 중년 남자는 서울에 사는 할머니의 아들 K씨였다. 그는 할머니로부터 나에 대한 이야기를 듣고 있었던 모양이다. 자신의 어머니를 친절하게 대해 주어서 고맙다는 인사와 함께 할머니 소유의 땅이 시에 매수되어 토지 보상금으로 나온 3억 원을 예치시켜 주겠다고 하였다.

뜻하지 않은 일에 너무도 놀라서 얼떨떨해 있는데 알아서 좋은 상품에 가입하여 주고 할머니 살아 생전의 통장 관리도 함께 부탁한다고 말씀하셨다.

고객에 대한 친절은 가족을 대하는 것과 같은 따뜻한 말 한 마디가 아닐까 생각한다. 역시 친절은 최고의 사랑인 것이다.

C 과장의 사례

K 농협에 근무하는 C 과장은 매일 하루도 빠지지 않고 잔돈을 교환해 가는 P 노인이 보이지 않자 이상하게 생각되었지만 '바빠서 못 오시겠지'라고 스스로 결론을 내리고 하루를 보냈다.

그런데 그 다음 날도 P 노인은 보이지 않았다. P 노인의 가게가 사무실과 가까이 있기에 영업 종료 후 P 노인의 가게로 발길을 재촉했다. 아니나 다를까 가게문이 닫혀 있었다. 이상한 예감에 옆 가게 주인에게 P 노인의 집이 어디냐고 물었더니 가게 건물 4층이 자택이라고 했다.

계단으로 올라가 문을 두드렸다. 문이 열리고 P 노인이 넋이 나간 듯 아무 말도 없이 그냥 서 있었다. 웬일인가 물어 보았더니 늘 가게를 함께 보던 할머니가 노환으로 돌아가셨다는 것이었다.

방에 앉아 P 노인과의 대화가 시작되었다. P 노인의 고향은 함경남도 함흥이고 1.4후퇴 때 국군을 따라 홀로 남으로 내려왔다고 했다. 할머니도 집안 친척이 없는 같은 처지라 결혼식도 못 올리고 사셨다는 이야기에 말꼬리가 가늘게 떨렸다.

P 노인의 성격이 워낙 깐깐해 주위에서도 친하게 지내는 사람이 거의 없었다. P 노인에게는 아들이 둘 있는데, 현재는 미국에서 의사 수업과 박사 학위 공부 중이어서 한국으로 오려면 1주일 이상 걸린다는 이야기였다.

급한 상황이라고 판단한 C 과장은 사무실에 전화를 걸어 3일간의 휴가를 신청하고 결재를 받았다. 그런 다음 P 노인과 의논 후 할머니를 병원으로 모신 후 장례 절차를 밟았다. 장지는 공원 묘지로 하고 C 과장은 장의사와 상의하여 무사히 장례를 치르고 집에까지 P 노인을 모셔다 드린 후, 그 날 밤 할아버지와 함께 밤을 보내고 출근하려고 하던차에 미국에 있는 두 아들이 귀국하였다.

그로부터 보름 뒤에 평범한 일상을 보내던 C 과장을 P 노인이 찾아 오셨다. 반가워서 얼른 객장 의자에 자리를 권하고 음료수를 드렸다. P 노인은 손을 덥석 잡으며 그 동안의 고마움을 어떻게 보답하냐며 눈물을 글썽이더니 H 은행 자기앞수표 오천만 원짜리 2장을 꺼내 건네며 1년제 정기예금통장으로 만들어 달라고 하였다. 그 후 한 달이 지날 무렵 1억 원짜리 자기앞수표 2장을 또 건네며 1년제 정기예금을 추가로 하였다.

그 날 저녁 퇴근 후 싱싱한 딸기를 사 가지고 방문하였다. P 노인은 반가이 맞아 주며 친아들보다 낫다며 고마워하고 손수 밥도 지어 주었다. 1년 이상 잔돈만 바꿔 가셨는데, 알고 보니 알뜰하게 돈을 모았고 아들 둘을 의사, 박사까지 만든 분이었다. P 노인을 보면서 C 과장은 자신의 아버지처럼 느껴지는 따뜻한 정을 느낄 수 있었다.

이렇듯 친절은 사랑이다.

마감 시간에 온 손님

바쁜 마감 시간 허름한 옷차림의 아주머니 한 분이 찾아왔다. 그 손님은 옆 창구 직원이 상담해 드리겠다고 하는데도 불구하고 내가 처리하던 일이 마무리되기를 기다리고 있었다.

일을 마치고 아주머니를 찾으니 벌써 자동 판매기 앞에 가서 커피를 뽑고 있었다.

"차 대접은 제가 해야죠."

미안한 마음으로 커피를 받아 마시며, 아주머니가 누군지를 아무리 기억하려 해도 기억이 나지 않았다. 할 수 없이 용건을 말해 주기를 기다리고 있는데, 지갑에서 통장 하나를 꺼내더니 이 통장에 있는 돈을 나에게 맡긴다면서 좋은 상품으로 가입해 줄 것을 부탁하였다.

통장에는 1억 3천만 원 정도 들어 있었다. 비과세 상품과 보험 (공제) 상품으로 나누어 예치시켜 드리며 자세히 설명을 하였더니 아주 흡족해 하셨다. 아울러 앞으로 타 은행에 예금한 것도 만기가 되면 계속 가지고 오겠다고 하시면서.

그 아주머니께 "혹시 저를 아세요?"라고 조심스럽게 물었더니, 특별히 잘 알지는 않는다고 했다. 그럼 왜 많은 직원들 가운데 저를 찾아 오셨는지 궁금해하는 내게 아주 오래 된 얘기를 하시기 시작했다.

3년 전의 일이다. 언젠가 주민등록 등본이 급하게 필요한 일이 있었는데, 가지고 오지 않아서 매우 곤란해하고 있을 때 동사무소에 전화를 직접 해서 일처리를 해 주었다고 한다. 그뿐 아니라 저녁에 동사무소에 가서 등본을 발급 받아 서류 보완을 하면 되니 염려 말고 돌아가시라고 친절하게 인사까지 했다는 것이다.

그 때의 고마움을 잊지 못하고 이렇게 찾아오게 되었다며 덧붙이는 말씀이, 다른 금융 기관을 많이 다녔지만 믿을 수 있는 사람을 쉽게 찾지 못하겠고 했다.

왠지 나에게는 신뢰를 느낄 수 있어서 이렇게 찾아 왔다며 두 손을 꼭 잡으셨다.

내겐 흔히 있는 일이라 전혀 그 아주머님이 기억에 남아 있지 않았던 것 같다. 하루에도 수많은 사람을 대하니 일일이 기억해 내지 못함이 너무 죄송스러웠다. 주민등록 등본이 없어서 예금을 못하고 돈을 다시 들고 나가는 고객들이 너무 안타까워서 주민등록증을 복사해 사본을 가지고 저녁에 동사무실에 직접 가서 등본을 발급 받아 일을 처리해 주기 벌써 몇 년째이다. 나는 당연한 일이라 생각했는데 고객들은 작은 일에도 크게 감동하였던 것이다.

그 순간 나름대로 고객 한 분 한 분께 최선을 다해 모시고 있다고 늘 자부했건만, 작은 일이라도 서운케 한 적은 없는지 다시 한 번 반성하는 계기가 되었다.

작고 사소한 일에 감동한 고객들은 감동 자체만으로 끝나지 않고, 자신에게 큰돈이 생기거나 적금 들 일 등이 있으면 꼭 다시 찾아온다. 이름도 제대로 기억하지 못하는 고객이 찾아와 예금을 해주고, 적금을 가입하고, 보험까지 들어 준 고객이 한둘이 아니다.

조금만 더 관심을 가졌다면 이름 정도는 외워 둘 수 있을 거라는 반성과 함께 조금 더 관심을 가져야 겠다고 다짐한다.

이렇게 찾아온 고객은 가끔 전화와 편지를 보내며 아주 절친한 사이가 된다. 그리고 그 고객의 친구, 친척을 소개받아 열성 팬으로 만들어 간다. 작은 친절로 큰 감동을 줄 수 있다는 생각을 하며 오늘도 즐거운 선택의 하루를 보내고 있다.

친절은 사랑으로부터 나온다.

불친절 톱10

이 분류는 농협의 고객 만족팀에서 고객 의견 엽서를 바탕으로 선정한 불친절한 서비스맨의 10가지 유형이다.

1위 : 프로판 가스형
  인사도 없다. 미소는 포기했다. 표정이 어둡고 냉랭하다. 잘 몰라서 뭐 좀 물어 보거나 하면 시큰둥한 목소리로 대답하는 형
2위 : 개인 업무 우선형
  고객이 바쁘든말든 자기 할 일과 할 말을 다한다. 고객은 안 보이는지 못 보는 건지 도대체 왜 그 자리에 앉아 있는지 아리송한 형
3위 : 육법 전서형
  입만 벌리면 "규정에 없어요", 말이 막히면 "규정 한 번 확인해 보죠", 고객이 항변하면 "그건 손님 생각이고, 그렇게 하면 위법이에요"라며 고객에게 법과 규정에 대해 강의하는 형
4위 : '침묵은 금' 형
  고객은 문제 해결을 바라며 조마조마해 하건만 막상 담당 직원은 뭐가 어떻게 된 건지, 무얼 해야 하는지, 얼마나 기다려야 하는지 말이 없다. 하도 답답해서 물어 보면 그냥 "기다리세요"가 전부다.
5위 : 자동 인형형
  고객과 눈이 마주칠세라 고개 숙이고 말 한 마디 없이 자기 일만 기계처럼 반복하여 고객으로 하여금 '혹시 자동 지급기 앞에 서 있나' 하고 혼동하게 하는 형
6위 : 권위주의형
  대출 신청이나 상담 좀 하려면 아래위로 훑어보며 귀찮다는 듯 단답식으로 답하고, 거물이나 상대하는 사람이라는 듯 뻣뻣한 태도로 일관하며, 무슨 호구 조사하듯이 고객 신상이나 물어 보는 형

7위 : 교통 순경형
　동전을 조금 바꾸려면 "출납계로 가세요", 상품 좀 설명해 달라면 "ㅇㅇ계로 가세요"라고 하며, 이리저리 손짓만 하는 형
8위 : 무책임형
　고객 응대시 기본적인 사항에 문제가 생기면 "위에서 시켜서요. 방침이 그래요"라고 하며 책임지지 않으려는 형
9위 : '고객은 무식해' 형
　자동 이체가 정해진 날짜에 되지 않는다든가, 또는 자동화 기기를 사용시 불편함을 호소하면 고객이 무식해서 그렇다고 뒤집어씌우기가 주특기인 형
10위 : 바보 온달형
　고객이 자주 물어 보는 업무에도 매번 말문이 막혀서 주위의 도움을 청하려 허둥대고 업무 처리는 실수투성이인 형

제4장

e파워 서비스의 실천 지침

1
서비스맨의 판매 화술

 서비스는 세일즈 지향적이어야 한다. 그러므로 서비스맨은 단지 친절하고 상냥하게 말하는 차원을 넘어 판매 지향의 세일즈적 화술을 구사할 수 있어야 한다. 판매 지향의 서비스 화술, 그것이 바로 SS 화술이다.
 현대는 인터넷 시대이다. 수많은 웹사이트에서 많은 정보를 제공받을 수 있기에 고객들은 자기가 서비스 받고자 하는 분야의 정보를 쉽게 취득할 수가 있다. 따라서 오늘날의 서비스 화술은 서비스맨의 입담 하나에 매달리는 식이 되어서는 안 된다. 판매하고자 하는 상품을 매장의 종업원이나 판매 사원의 구변 하나로 해결할 수는 없는 세상이다.
 이 같은 시대에 구태의연하게 낡은 '화술'에 매달려 구변 향상을 소망하고 침방울을 튀기며 열변을 토하는 것으로 자기 도취에 빠진다면 시대에 뒤떨어진 서비스맨으로 전락할 수밖에 없다.

화술(話術)이 아닌 화술(和術)을 구사하라

무슨 말을 할 것인가(What to say?)도 중요하지만, 어떤 식으로 말할 것인가(How to say?)는 더욱 중요하다. 천차만별의 고객을 대하는 서비스맨이 몇 가지 정형화된 화술만 암기하고 있다고 과연 고객의 마음을 사로잡을 수 있을까? 천만의 말씀이다.

MS에서는 고객을 상대할 때 하여야 할 기본적인 서비스 화술을 정해 놓고 그것에 익숙하기를 바란다. 그것이 바로 무슨 말을 할 것인가에 초점을 맞춘 정형화된 MS식 화술 훈련이다. 그러나 고객들은 서비스맨들의 상투적인 언어에 결코 마음이 움직이지 않는다. 더욱이 감동이란 있을 수 없다.

고객의 마음을 움직이려면 마음이 담겨진 말을 하여야 한다. 그리고 상대와 상황에 맞는 변화무쌍한 말을 할 수 있어야 한다. 정형화된 말이 아니라 고객에게 맞춘 말이어야 한다.

마음이 담겨진 서비스 화술은 무엇인가? 그것은 틀에 박히고 의례적인 상투적 화술이 아니라, 고객의 욕구를 해결해 주기 위해 정성을 다하는 화술이다. 즉, MS식 화술이 기본적인 예절적 언어라면 SS식 판매 화술은 고객을 감동시켜 무언가 하나라도 더 팔아 보려고 아주 간절한 마음으로 자신의 감정을 고객에게 담아 보내는 언어이다.

말이란 단순한 단어의 나열이 아니다. 같은 단어를 구사하더라도 서비스맨의 열의와 감정 상태에 따라 상대에게 전달되는 말의 맛과 느낌은 전혀 다르게 된다. 똑같은 내용의 말이라도 받아들이는 자동 응답 장치에서 흘러나오는 것과 사람이 육성으로 들려 주는 것과 감정이 다른 것은 바로 그러한 이치 때문이다.

서비스맨은 인간적인 바탕 위에서 고객과의 감성적인 대화가 될 수 있도록 하는 열의와 진지함을 가지고 대화에 나서야 하며, 설득력 있는 목소리와 음성, 그리고 변화 있는 억양으로 고객의 마음을 열어야 한다.

말이란 의사 전달 수단의 가장 손쉬운 수단이기는 하지만, 그 표현 방법에 따라서 고객이 느끼는 친밀감, 즉 라포(rapport)는 엄청난 차이가 있다. 따라서 서비스맨은 고객의 마음을 움직이는 화술, 즉 SS 화술을 구사해야 하며, 그러기 위해 화술(話術)이 아닌 화술(和術)을 터득하여야 한다.

고객 만족 언어, CSS로 말하라

서울의 이태원은 외국인 관광객들로 많이 붐비는 곳이다. 이 곳에서 장사를 잘 하는 점원들은 비록 영문법은 모를지언정 자기가 파는 상품에 관한 영어 회화는 누구보다도 잘 하는 프로들이다.

그들은 비록 고차원적인 비즈니스 영어나 영어 연설은 못 하지만 외국인 고객이 상품의 어떤 점을 궁금해 하는지 정확히 파악하고, 그것을 영어로 제대로 말할 줄 아는 것이다. 이를테면 고객을 만족시키는 화술을 구사한다는 것을 의미한다.

고객 만족 언어(CSS, Customer Satisfaction Speech)란 고객이 이해하기 쉽게 말하는 언어이다. 서비스맨이 제아무리 박학하면 무엇하는가. 자기만 아는 언어, 골치 아픈 전문 용어를 남발한다면 오히려 고객을 '가지고 노는' 격이 될 수 있다.

고객 만족 언어와 관련하여 약간은 우스운 다음의 이야기를 소개하고자 한다.

어떤 유명한 서커스단에 인도에서 수입해 온 코끼리가 한 마리 있었는데, 처음에는 온순하더니 시간이 지나면서 공연 중에 사람을 다치게 하거나 기물을 부수는 등 난폭해졌다. 서커스단 단장은 코끼리를 달래려고 온갖 방법을 써 보았지만 모두가 허사였다. 비싼 돈을 주고 사 왔지만 더 많은 피해를 입기 전에 코끼리를 사살해 버리기로 하였다.

저격수들이 코끼리의 머리에 총부리를 겨누고 신호만 내리면 코끼리는 죽게 되었는데, 이 때 어떤 사람이 자기가 코끼리를 달래 보겠다고 간청하여 그에게 잠깐의 시간이 주어졌다.

그가 코끼리에게 무언가 알아들을 수 없는 이야기를 잠깐 했는데, 그토록 난폭하던 코끼리가 갑자기 조용해지기 시작했다. 그리고 그 사람이 바짝 다가가 귀에 대고 이야기를 하니까 코끼리의 표정이 밝아지더니 코로 그 사람을 휘감아 번쩍 들어 자기 등 위에 올려 놓고 좋아하더라는 것이다.

어떻게 그런 일이 벌어졌는지 서커스단 단장이 그 사람에게 물었다. 그의 대답인즉, "이 코끼리는 인도에서 왔는데, 인도의 언어인 힌두어를 못 듣게 되자 욕구 불만이 생긴 것입니다. 그런데 내가 힌두어로 말해 줌으로써 마음이 안정되고 성격이 가라앉게 된 것이죠"라고 하였다.

코끼리가 인도에서 자라는 동안 줄곧 들어온 언어는 힌두어였다. 그런데 그걸 못 듣고 이상한 말을 듣게 되니까 스트레스를 받아 성질까지 사나워졌고, 사살 위기에까지 몰렸던 것이다.

고객도 마찬가지이다. 뜻도 모르는 전문 용어로 열심히 설명하는 판매 사원에게 호감을 가질 수 없다. 쉬운 말로 해 달라고 질문하자니 자신이 무식한 것 같아 자존심이 상해서 입을 닫고, 그러니 마음이 닫히고, 결국 마음이 닫힌 고객에게 무엇을 팔 수 있겠는가 말이다.

그러므로 서비스맨은 CSS(고객 만족 언어)를 구사해야 한다. 고객을 만족시키는 언어는 고객이 일상에서 나누는 언어이다. 즉, 고객의 언어는 '만족의 언어'이며 '눈높이 언어' 이기도 하다.

어느 화장품 판매원의 경우

얼마 전 C 회사 제품 화장품을 몇 가지 구입하였다. 판매원이 제품 설명을 하는데, 바쁜 일 때문에 신경이 다른 데 가 있어서 나중에 설명서를 보면 되겠지 하는 생각으로 당시 건성으로 들었다.

다음 날 포장을 뜯어 본 나는 난감하였다. 국산 화장품인데도 불구하고 설명서에는 단 한 단어도 한글이 없었다. 영어 설명서였다. 결국 판매 사원에게 전화를 걸어 어떻게 사용하느냐고 물었더니 자신도 우리말로 번역된 설명서를 보아야 알겠다고 했다. 한마디로 화가 났다. 뭐 저런 판매원이 있나 싶었다.

화를 억누르고, 왜 알지도 못하면서 영어 표기를 했느냐고 했더니 수출용 상품이라서 그렇다고 했다. 점입가경이었다. 수출용이 왜 국내에 유통된단 말인가.

하여튼 그 기억 때문에 나는 C 회사 제품에 대한 인상이 좋지 않았다.

그러던 어느 날 어쩔 수 없이 나는 또 C 회사의 화장품을 사게 되었다. 지난번 기억도 있고 해서 나는 즉석에서 박스를 뜯어 설명서가 어떻게 되어 있는지 확인하였다.

그 때 나는 감동을 받았다. 지난번의 판매원과는 달리 이번에 만난 판매원 J씨는 영어 설명서 뒤에 자신이 직접 쓴 상세한 한글 설명서를 덧붙여 두었던 것이다. 그 이후 나는 화장품을 살 때마다 반드시 J씨를 찾는다. 그는 고객의 언어로(비록 설명서이지만) 고객에게 접근하는 법을 알고 있었던 것이다.

고객의 입장에서 말하라

내가 승용차를 구입할 때의 이야기이다.

H 자동차 영업소에 들러 자동차 구입에 대해 상담하려 하는데, 이미 손님 한 사람이 상담을 하고 있었다. 옆에서 들어 보니 신입 사원처럼 보이는 젊은 직원이 새 차에 대한 설명을 다음과 같이 하고 있었다.

"이번에 새로 나온 차입니다. 한번 운전석에 앉아 보시겠습니까? 이 차는 연비가 많이 개선되고 엔진 출력도 훨씬 높아졌지요. 경쟁사 차량보다 에너지 소비 등급이 한 단계 높습니다. 디자인도 신형이고 실내도 대폭 넓어졌습니다. 어떻습니까?"

그 때 신입 직원과 고객의 대화를 주의 깊게 지켜 보던 영업소장이 끼어 들었다. 그는 이렇게 설명하는 것이었다.

"안녕하십니까? 제가 여기 영업소장입니다. 지금 보시고 계신 이 차는 참 좋은 차입니다. 당분간 이 가격에 국내에서 이만한 성능이나 기능을 앞서가는 차는 찾기 힘들 겁니다. 특히 엔진 힘이 좋아요. 정원을 다 태우고도 대관령을 넘어가는 데 힘이 남아돕니다. 연료 소모량도 적어 다른 차에 비해 한 달에 3~4만 원 정도 절약됩니다. 디자인을 한번 보세요. 도시 감각을 살린 디자인이 세련되었잖습니까? 게다가 실내가 넓어 일가족이 모두 함께 탈 수도 있구요."

고객이 돌아간 후 영업소장이 신입 사원을 불러 이렇게 교육시키는 것이었다.

"상품 설명이란 고객을 중심으로 해야 한다는 사실을 잊지 말게. 연비니 엔진 출력이니 해도 고객에게는 수치 이상의 의미가 없는 거야. 뭔가 마음에 꼭 짚이는 게 없단 말이지. 고객의 실생활과 밀접하게 연결지어 설명해야 고객이 쉽게 구매 의욕을 느끼게 되네."

확실히 프로는 달랐다.

서비스맨의 역할은 고객으로 하여금 구매 심리가 생기도록 유도하는 것이다. 매일 수많은 사람들이 같은 상품을 사지만 그 상품을 사는 이유는 사람마다 각양 각색이다. '고객이 상품을 구입하는 이유는 이것이다' 라고 서비스맨 자신이 마음대로 상상해서는 안 된다.

고객이 무엇을 원하고 어떤 상품을 바라고 있는지를 알아야 제품을 제대로 설명할 수 있게 된다. 따라서 고객의 심중을 헤아리는 노력을 게을리하지 말아야 하며, 고객의 마음을 읽은 다음에 철저하게 고객이 입장이 되어서 설명하는 게 바로 프로 서비스맨의 화술인 것이다.

자신만의 프리젠테이션 북을 만들자

화술이라면 대부분의 사람들이 타고난 재능이 있어야 한다고 말한다. 물론 말하는 데 있어서 탁월한 재능을 가진 사람이 있다. 그러나 즉석 연설을 하는 것도 아니고, 남을 웃기기 위해 개그를 하는 것도 아닌데, 너무 '재능'에 매달리거나 '화술'에 얽매여서는 안 된다.

사람의 심리란 참 묘해서 너무 유창한 화술을 구사해도 '혹시 사기꾼 아닌가?' 하는 의심을 받을 수 있다.

고객과 대화를 나누는 경우란, 대개 서비스나 상품에 대해 안내하고 설명하는 경우가 대부분이다. 그런데 직원의 입장에서 보면 상대하는 고객은 여럿일지라도 말해야 할 내용, 즉 안내하고 설명해야 할 사항은 대개 범위가 정해져 있게 마련이다. 따라서 늘 하던 말을 되풀이하는 경우가 대부분일 것이다.

그러므로 '말'의 효율을 높이고 덜 힘들게 하기 위해서는 고객에게 말할 내용과 순서를 미리 정해 놓고 순서대로 자연스럽게 전개해 나가는 게 좋다.

나름대로 설명할 전개 순서를 정해서 언제, 어디서, 어떤 고객과의 상담시에도 충분히 활용할 수 있는 자신만의 프리젠테이션 북을 만들어 두면 설명 내용도 알차고, 고객이 보기에도 성실해 보이며, 또한 말재간이 없더라도 얼마든지 고객을 설득할 수 있을 것이다. 그 프리젠테이션 북에 보조 자료로 신문, 잡지 등의 자료를 스크랩해서 첨부해 둔다면 훨씬 더 효과적인 안내와 설명이 가능하게 된다.

말할 내용을 정형화한다는 의미에서 MS 화술 아니냐고 할지 모르나, 의례적인 화술인 MS 화술과 말할 내용을 충실하게 하기 위해 프리젠테이션 북을 만드는 것과는 차원이 다르다.

셀링 포인트를 잡아라

고객에 대한 상품 설명에 있어서 고객의 욕망에 가장 어필하는 포인트를 판매 급소, 즉 '셀링 포인트'라고 한다. 정확하게 급소를 포착하기 위해서는 고객의 특수 사정에 대한 깊은 지식과 통찰력이 전제되어야 한다.

고객은 구매욕을 일으킬 만한 이익이 무엇인지 그 점을 듣고 싶어 한다. 따라서 '이것이면 확실히 고객의 관심을 끌 수 있다'고 생각되는 이점을 찾아 그 급소를 찔러야 한다.

그 이점은 손님이 바라고 있는 것이어야 하며, 상품 설명에서 충분히 입증될 수 있어야 한다. 그리고 그 이점이 고객에게 확실히 전달될 수 있어야 한다.

고객의 망설임을 물리치기 위해서는 손해보다는 도움이 되는 것이 더 많다는 것을 설명하고 권유하고 있는 상품을 재강조(상품의 특징, 장점, 유리한 점을 나열)하여 셀링 포인트를 극대화해야 한다.

예를 들자면 "이 상품은 올해까지만 비과세가 적용됩니다", "저

금리 시대에 5%에 해당하는 확정 금리입니다"라고 설명하면 고객은 스스로 자신에게 이익이 되는지를 구체적으로 파악하게 되어 상품을 구입하게 될 것이다.

다시 정리하자면, 셀링 포인트란 상품의 효용 중에서 고객에게 특히 이익이 되는 사항으로서, 고객의 흥미뿐 아니라 구매 욕구를 유발할 수 있을 만큼 중요한 사항을 말한다. 고객이 부담할 비용에 비하여 그 상품으로부터 얻을 수 있는 효용이 매우 크다는 점을 비유적인 표현을 사용하여 셀링 포인트를 효과적으로 제시하면 좋은 화법이 될 것이다.

흥미 있게 말하라

고객은 흥미진진한 설명을 좋아한다. 아무리 상품 설명이고 서비스에 대한 안내라고 하더라도 재미있고 흥미를 유발할 수 있게 말할 수는 있는 것이다. 그렇게 하기 위해서 프리젠테이션 북을 만들거나 설명의 얼개를 짤 때 어떻게 하면 보다 더 유머스럽고 재미있는 설명이 될 것인지 연구하여야 한다.

주변 이야기, 그 날 신문에 난 큰 사건 등으로 주의를 환기시킨 다음 본론으로 들어가는 방법도 좋다.

예를 들자면 "오늘 아침 뉴스 보셨죠? 또 ○○에서 대형 화재가 발생했더군요", "○○에서는 대형 교통 사고가 발생하였다지 뭐예요", "저의 가까운 친구가 어제 ○○○○○○한 사유로 갑자기 사망하였습니다" 등과 같은 주변 이야기를 한 다음 "○○○ 보험 상품은 바로 그런 경우에 대비하여 특별히 만들어진 상품입니다"

라고 설명하면 고객의 구매 욕구를 더욱 자극하게 될 것이고 설명도 지루하지 않을 뿐더러 고객도 그 서비스맨과 대화나누기를 즐기게 된다.

또는 유명한 사례를 들어 흥미를 유발시키는 것도 좋다.

예를 들자면 "이탈리아 쪽의 알프스산 밑을 지나는 터널 입구에 동상이 하나 서 있습니다. 이탈리아의 터널 공사를 감독한 기사를 기념한 것이랍니다. 그 터널은 한가운데서 스위스 쪽에서 파고 들어온 공사와 연결된 것입니다. 양쪽 나라의 터널이 연결되는 공사가 끝나기 전날 밤 그것을 감독한 기사는 반대쪽에서 가까이 오는 스위스 쪽의 공사에 귀를 기울이고 있었는데 터널이 일직선으로 만나지 않을 것이라는 의심을 갖기 시작했습니다. 그는 차츰 자신감을 잃어 갔고, 그 다음 날 벌어질 실망스런 상황을 상상한 나머지 그만 자살을 하고 말았습니다. 그런데 2개의 터널은 한 치의 오차도 없이 연결되었고, 기사는 이를 보지 못하고 죽었던 것입니다. 만약에 저희 회사가 개발한 '음향 예지기'나 '지하 측정기'를 갖고 있었다면 미리 알고 그러한 불행을 막을 수 있었을 텐데 말입니다."

이런 식이다.

이렇게 흥미 있는 화술을 구사하려면 평소에 그러한 사례나 예화를 수집하여 관리하는 노력을 하여야 한다. 이 세상에 쉽게 되는 일이란 하나도 없다.

시각에 호소하라

화술이라고 해서 꼭 입으로만 하는 것이 아니다. 도움이 될 만한 것은 모두 동원하는 것이 좋은데, 그 중에서도 시각에 호소하는 것이 가장 민감한 반응을 보이고, 또 기억도 오래 남는다고 한다.

먼저 고객이 흥미 있어 하는 것을 보여 주고, 그것에 고객이 시선을 모으게 한 다음 상품 설명을 가미하면 훨씬 더 큰 효과를 거둘 수 있을 것이다.

서비스맨에게 상품 견본이나 상품 모형을 지급하고 있는 회사가 많다. 이들 전시 용구를 우선 고객에게 보이고, 호기심을 돋움으로써 주의를 환기시키며, 고객으로 하여금 구매 행동을 하도록 유도하는 것이다.

시각에 호소하는 가장 대표적인 예로 아파트 모델 하우스를 들 수 있다. 모델 하우스를 통해 고객의 시각을 자극한 다음 구입 조건 등을 설명한다.

자기가 설명할 상품에 신념을 가져라

자기가 취급하고 있는 서비스나 상품에 대하여 확신하지 못하면서 상대방이 그것을 사 주기만 바란다면 한 마디로 어불성설이라 할 수 있다.

상품이 경쟁 회사 상품보다 품질 면에서 떨어진다 해도 상품에는 단점과 장점이 분명히 있다. 자신이 팔고 있는 상품에서는 장점을 경쟁사 상품에서는 단점을 찾아서 자기 자신에게 먼저 팔 수 있어야 한다.

자신이 팔고 있는 상품에서 장점을 도저히 찾을 수 없다면 영업상 유리한 특징, 예를 들자면 제품에 하자가 발생할 시 전국 어디에서나 교환이 가능하다는 등 서비스 차원의 문제들을 해결하는 것으로 단점을 커버하면 된다.

상품에 대한 확신이 없이는 판매 활동이 위축될 수밖에 없으므로 판매에 나서기 전에 먼저 타 경쟁사의 서비스나 제품, 그리고 나의 것에 대한 품질 검증이 반드시 필요하다.

고객이 직접 비교하게 하라

K동에 사는 K 여사. 입수된 정보에 의하면 K 여사는 여유 자금을 활용하기 위해 ○○ 보험사의 설계사와 상담을 하고 있다는 것이다.

K 여사를 만나 내가 팔고 있는 상품과 ○○ 보험사의 상품을 비교하여 상세히 설명하였지만 완강하게 거절당하고 말았다. 이유인즉, K 여사는 그 보험사와 10년이 넘게 거래하는 VIP 고객이었던 것이다. K 여사는 오히려 나에게 그 보험사의 상품과 사후 관리에 대해 자랑까지 하였다.

더 이상 설명할 수 없는 상황이라서 설계해 간 상품 설계서를 건네 주며 "일단 ○○ 보험사 상품과 비교해 보세요. 다시 한 번 찾아뵙겠습니다"라고 인사를 하고 서둘러서 그 집을 나왔다.

돌아오면서 곰곰이 생각해 보니 아주 열성적인 ○○ 보험사 고객인데 편견을 버리고 우리 상품과 비교하겠는가 하는 의문이 생겨 도저히 자신이 없었다. 편견을 버리고 객관적으로 비교해 준다면 자신이 있는데, ○○ 보험사에 대해 워낙 편향된 생각을 가지고 있어서 그 보험사 상품의 장점만 보일 거라는 생각이 들었다.

나는 궁리 끝에 다시 ○○ 보험사의 상품 가입 설계서와 우리 회사의 상품 가입 설계서를 각각 2장 만들었다. 단, 이번에 만든 상품 가입 설계서에는 회사의 표기를 하지 않았다. 감정에 치우치지 않고 냉정하게 판단할 수 있게 하기 위해서이다.

그 상품 가입 설계서를 간단한 안내 편지 한 장과 함께 K 여사에게 우편으로 발송하였다. 그리고 결과를 기다렸다. 몇 일이 지나고 전화를 하고 싶어 안달이 났지만 묵묵히 답을 기다리기로 하였다. K 여사가 어떻게 결론을 내릴지 궁금하기도 했지만 그녀가 결론 내리는 데 방해하고 싶지 않았고, 나도 이번만큼은 공정한 심판을 받고 싶었다.

드디어 몇 일 뒤 다시 한 번 방문해 줄 수 있느냐는 K 여사의 전화를 받았다. 두 번째의 만남에서 K 여사는 지난번 보다 훨씬 호의적이었다.

우편 발송한 상품 가입 설계서 2장 중에서 K는 자신이 가입하고 싶은 상품이 이 상품이라며 한 장의 설계서를 가리켰다. 당연히 우리 회사에서 판매하는 상품이었다. 너무 기뻤지만 크게 내색하지 않고 선택한 이유를 묻자, 처음에는 왠지 모르게 ○○ 보험사 상품이 최고라는 생각을 하였는데, 회사 표기가 없는 상태에서 냉정하게 비교를 해 보니 자신이 사고 싶은 상품에 대해 선택이 자유로워지더라는 것이다.

나는 지금도 이 방법을 즐겨 사용하고 있다. 이는 물론 타사 상품과 자기가 취급하는 상품에 대해 끊임없이 연구하여야만 가능한 일이다.

마지막이 중요하다

고객에 대한 화술을 강조하는 것은 단지 고객과 말친구가 되기 위해서가 아니다. 서비스 화술의 목적을 잊어서는 안 된다. 목표는 어디까지나 판매에 있고 세일즈에 있다. 그래서 SS 화술이 중요하다는 것이다.

서비스 화술의 마지막 단계는 클로징인데, 고객과의 대화가 아무리 즐겁고 최선을 다했다 하더라도 클로징에 실패한다면 아무런 소용이 없다.

축구 경기를 예로 들어 보자.

"상대의 골문을 향해 쇄도해 들어가는 한국 선수들…… 한 사람, 한 사람, 여유 있게 제치며 오른발 강슛…… 아! 그러나 어림없는 볼, 안타깝습니다."

이런 중계를 많이 들어 보았을 것이다. 그리고 곧이어 나오는 해설자의 말, "우리 선수들은 아직도 문전 처리가 미숙합니다. 골 결정력이 부족해요, 참 안타까운 일입니다."

축구는 제아무리 현란한 개인기를 자랑하고 팀웍을 과시해도 결국은 누가 골을 더 넣느냐에 따라 승부가 판가름난다. 90분 내내 우세한 공격을 했다 하더라도 상대방의 순간적인 기습에 어처구니없이 한 골을 내 주었다면 경기에는 지고 만다.

판매 역시 마찬가지이다. 고객과의 첫 만남 이후 설득력 있는 표현으로 고객을 사로잡고 고객의 거절을 잘 무마하여 최종 순간까지 잘 이끌어 왔다 하더라도 결국 팔지 못하면 아무 소용 없는 것이다.

그래서 프로 서비스맨들은 고객이 살 것인지 아닌지 고객의 심중을 기가 막히게 읽어 내어 거래를 성사시킨다.

고객들은 최종적으로 물건을 구입하겠다고 마음 먹기 전까지 좀처럼 마음을 밝히지 않는다. 그러나 얼굴 표정, 시선, 태도, 말투 등을 유심히 관찰해 보면 어떤 생각을 하고 있는지 알아 낼 수가 있다.

예를 들어, 서비스맨이 말한 판매 조건에 대해 아무런 대꾸 없이 눈을 지긋이 감은 채 무엇인가를 생각하고 있다든지, 판매 조건과 상품 설명에 대해 진지할 때, 지불 조건에 대해서 자세히 물어 올 때, 상품의 장점에 대해 맞장구치는 등의 행동이 구매 쪽으로 마음이 기울고 있다는 표시가 된다.

그러나 이처럼 겉으로 보이는 단서가 잘 잡히지 않을 때는 고객의 구매 의사를 파악할 수 있는 작위적 노력을 해야 하는데, 대표적인 것이 질문을 해 보는 것이다. 이를 '테스트 클로징'이라 한다.

테스트 클로징이란 구매 의사를 촉진시키는 한편 고객의 구매 의사가 어느 정도인지, 권투에서 잽을 던지듯 고객에게 질문을 던져 보는 것이다. 지금 당장 구매할 것인지, 좀더 검토한 후에 사려는 것인지, 그 정도에 따라 당연히 대응이 달라지기 때문이다.

한 차례 설명이 끝났을 때 고객이 다소라도 관심이 있는 듯한 표정이면 "어떻습니까? 제 설명에 궁금한 점이 없습니까?" 하는 식으로 극히 일반적으로 물어본다. 또 단순하게 "어떻습니까?" 하는 정도로 고객의 동의를 구하는 것도 좋은데, 이 때 고객이 "예, 상당히 좋군요"라고 긍정적인 대답을 한다면 상황은 여기서 끝난다. 고객의 구매 의사가 강하다는 것을 나타내므로 바로 주문을 받도록 한다.

고객이 아무런 대답도 하지 않는 경우에는 구체적으로 질문을 해 본다. "디자인이 최신 모델이라 인테리어 소품으로도 손색이 없겠죠? 컬러도 너무 고급이라 맘에 꼭 드시죠?"라는 식으로 강조할 만한 포인트를 질문하여 고객의 마음을 알아보는 것이다.

그러나 아직도 확실하게 구매 의사를 표현하지 않는 고객에게는 가정법을 사용한다. "만약 이것을 구입하시면……" 하는 식으로 질문하는 가정법은 좀더 구체적인 '테스트 클로징'이라 할 수 있다. 만약이라는 질문을 통해 고객의 요구나 구매 의사를 확인해 보면 고객의 입장에서는 꼭 사야 한다는 부담이 없기 때문에 비교적 쉽게 대답한다. 그래서 고객이 "구입한다면 카드 결제가 좋겠지요?"라고 본심을 이야기할 경우 이것으로 고객의 의도를 파악할 수 있다.

이렇게 단계가 무르익으면 바야흐로 판매로 매듭지어야 한다. 그렇다고 서비스맨이 조바심을 내어 "주문하시죠"라고 성급히 매달려서는 안 된다. 그러면 고객은 오히려 느긋해져서 더 유리한 구매 조건을 내세울 수도 있다.

따라서 고객이 자연스럽게 주문할 수 있도록 양자 택일법(예 : "배달은 월요일에 할까요, 아니면 수요일에 할까요?")이나 기정 사실법 (예 : "12개월 무이자 카드로 결제하세요"), 그 외에도 작성 지도법

(예 : "여기에 사인하시면 됩니다") 등으로 계약서나 카드에 서명을 하게 함으로써 판매를 위한 서비스 화술이 마무리짓게 되는 것이다.

    판매가 결정된 후 "잘 결정하셨습니다", "절대 후회하시지 않으실 겁니다" 등의 인사로 고객의 결정에 다시 한 번 종지부를 찍어 주면 더욱 좋을 것이다.

2
고객 설득 기법

"사람은 타인으로부터 배우는 것을 원치 않는 성질을 가지고 있다. 그러므로 정말로 사람을 가르치려고 한다면 어떻게 해서든지 그가 자발적으로 그것을 하고 있는 것처럼 느끼게 하는 것이 중요하다."

인간 관계 연구의 일인자인 카네기의 말이다.

여기서 '가르친다'고 하는 것은 '설득'과 같은 의미의 말이다. 설득이란 어떤 일이든 상대로 하여금 자발적으로 하게 하면서 그 길을 안내하는 입장이어야 한다. 결코 억지를 부리고 애원하는 것이 되어서는 안 된다.

고객을 대하여 고객을 설득하는 과정도 마찬가지이다. 결코 강요해서도 안 되고, 그렇다고 읍소해서도 안 된다. 많은 고객들이 서비스맨의 설명을 듣고 자신이 스스로 물건을 샀음에도 불구하고 이렇게 말한다.

"판매원이 하도 친절해서 그냥 나올 수 없어서 샀어요."

"판매원이 애원하는 바람에 마음이 약해져서 샀어요."

고객은 자신이 스스로 결심하여 지갑을 열어 물건을 사고도 강요당한 듯한 느낌을 가지게 되는데, 하물며 납득하지 않는 손님에게 억지나 애원을 하여 판매한다 해도 그들은 1회용 고객으로 끝날 뿐이다.

서비스맨의 입장에서 어떻게든 서비스나 상품을 팔아 보려고 하는 심정은 충분히 이해할 수 있다. 그러나 판매는 혼자 하는 것이 아니다. 일방적으로 설득하고 권유한다고 되는 것은 더더욱 아니다. 고객과 판매원 사이에 공감이 이루어져야 성공적인 판매가 되는 것이다.

일방적으로 밀어붙이는 강매나 연고 판매는 이솝 우화에 나오는 '바람과 태양'의 바람에 해당된다. 세찬 바람을 일으켜 억지로 옷을 벗기려는 바람 말이다.

옷을 벗기려고 하면 할수록 고객은 더 두터운 옷을 준비할 것이다. 설령 그렇게 해서 판다고 해도 고객에게는 샀다는 기쁨보다는 강매를 당했다는 불만이 남게 되므로 1회용 판매로 끝날 뿐 평생 고객으로 확보하기는 어렵다.

따라서 고객 스스로가 자발적으로 사도록 설득하여야 한다. 최고의 설득은 고객이 설득 당했다는 것조차 모르게 하는 설득이다. 그런 설득 요령을 배워 두자.

실감나게 연출하라

고객을 설득하라고 하면 대개 말하는 기술, 즉 화술에 국한시켜 생각하는 경향이 있다. 물론 말하고자 하는 내용을 조리 있게 전달하여 고객으로 하여금 스스로 구매 심리가 발동하도록 하는 것도 중요하다.

그러나 화려한 말재주에 호락호락 넘어가거나 서비스맨의 말을 곧이곧대로 믿는 고객은 그리 많지 않다. 오히려 대부분의 고객은 서비스맨의 이야기를 의심 어린 마음으로 대한다. 즉, 절반쯤 믿으려고 할 뿐이다.

예를 들어 상품의 우수성을 입에 침이 마르도록 강조하면 할수록 그 상품에 대한 의심의 강도만 높아지는 경우도 있다. 이는 마치 처녀 총각이 맞선을 볼 때의 상황과 비슷하다.

맞선을 볼 남자에게 중매쟁이는 온갖 미사여구를 늘어놓으며 상대 여자의 장점을 자랑하게 된다.

"키도 크지, 얼굴도 예쁘지, 거기다 성격도 온순하고 좋아. 그뿐인가! 집안도 든든하지, 또한 석사 출신의 재색을 겸비한 그야말로 팔방미인이야. 나이가 좀 많아서 그렇지 눈을 씻고 봐도 어디 하나 흠잡을 데가 없어."

중매쟁이 말 그대로라면 이 남자는 횡재한 것이다.

그러나 중매쟁이의 말을 듣다 보면 "그렇게 조건이 좋은데 왜 그 나이 먹도록 시집을 못 갔지?" 하는 의심이 생기게 된다. 그 여자를 만나 직접 확인하기 전까지는 점차 의심이 커져서 "맞아! 틀림없이 과거가 있거나 뭔가 문제가 있을 거야"라는 확신으로 바뀌게 된다.

상품에 대한 고객의 입장도 마찬가지다. 단지 상품의 특징이나 이익만 늘어 놓는 것으로 끝나서는 안 된다. 고객의 신용을 얻기 위해서는 구체적이면서도 확실한 증거를 제시할 수 있어야 한다. 여기서 증거란 사전에 철저히 검증되고 계획적으로 준비된 것이라야 한다.

세탁기 판매점에서 세탁 효과를 극명하게 보여 주기 위해 세탁기 전면을 투명하게 만든 것이나, 자동차의 안전도를 확인시켜 주기 위해 실물 충돌 실험을 하는 것이 모두 여기에 속한다. 그 외에도 다음과 같은 방법들을 참고해 보자.

객관적 사실을 입증하라

건강 관련 상품을 보면 "K 의과 대학 P 교수에 의하면 ……", 혹은 "○○ 의사회에서 추천한 상품인 ……"과 같이 의사들의 권위를 광고에 활용한 예가 많다. 그만큼 사회적으로 인정받는 위치에 있는 사람의 추천은 고객을 설득하는 데 강력한 힘을 발휘한다. 더욱이 전문가의 추천서라든가 품질 인증서 같은 것을 곁들인다면 금상첨화일 것이다.

요즘 텔레비전 광고를 보면 일반 소비자들이 특정 상품을 사용하고 난 후의 느낌이라든가, 식품의 경우 먹는 장면과 함께 그 맛에 대해 이야기하는 장면을 이용한 경우가 많은데, 이 역시 제3자의 객관적 증언을 활용하여 다른 소비자를 설득하는 경우에 해당하는 것이다.

언론이나 통신 매체가 그리 발달하지 않았던 시절에는 정보를 얻을 수 있는 경로가 극히 적었다. 그래서 학교에서 배우는 것, 신문이나 라디오에서 그랬다고 하면 그것이 사실을 판단하는 기준이 되기도 했다. 지금은 그 때와 사정이 많이 달라졌지만 그래도 공신력 있는 기관의 조사 자료는 여전히 가치 판단의 잣대로서 충분한 힘을 발휘한다.

"○○ 기관에서 주는 ○○상을 수상했다"든지 "A 신문의 소비자 만족도 조사에 의하면 ……" 등의 말을 인용하며 자사 상품에 대한 기사를 보여 주거나 B 잡지에 게재된 최근 3개월 사이의 판매 성장률 그래프를 제시해 주면 상품의 신뢰도를 높여 고객을 설득하기가 훨씬 쉬워진다.

이처럼 객관화할 수 있는 여러 증거를 제시하는 것은 고객 설득의 매우 유용한 수단이 된다.

실제의 예를 제시한다

텔레비전의 쇼 프로그램이나 연속극에서 연예인들이 특정 브랜드의 옷을 입고 출연하게 되면 그것이 곧 유행이 되어 '서태지 패션'이니 '김건모 패션'이니 '맥 라이언 헤어 스타일'이니 하고 일대 바람을 일으키기도 한다.

한때 장안의 화제가 되었던 '애인'이라는 TV 드라마에서 여주인공이 들고 다닌 가방이 50만 원대의 고가임에도 불구하고 엄청나게 많이 팔려 나가 그것이 또한 화제가 된 적이 있다.

소위 스타라고 하는 사람들의 힘을 실감하게 하는 사례이지만 이것도 사람의 마음을 움직이고 설득하는 유력한 방법의 하나다. 즉, 유명인이나 유명 회사에서 사용하고 있다는 사실을 강조함으로써 상품 이미지가 자연스럽게 그 유명세에 편승하여 신뢰를 획득하게 된다.

따라서 서비스맨이 고객을 설득할 때에는 어떤 유명인이 그 서비스를 이용하고 그 상품을 사용하고 있는지 구체적인 실례를 제시함으로써 고객의 마음을 사로잡을 수 있게 된다.

교섭의 명수를 이긴 설득의 비결

미국의 금융 자본가 모건은 교섭의 전설적인 인물이라고 할 만큼 교섭력이 뛰어난 사람이다. 모건의 일화에 다음과 같은 이야기가 있다.

US 스틸의 주식을 대량으로 보유하고 있던 어느 형제가 모건에게 주식을 팔기로 했다. 그들은 모건의 사무실로 가면서 얼마를 받을 것인가에 대해서 입씨름을 했다.

"900만 달러 이하의 값으로는 절대로 안 돼."

형의 말에 아우가 수정을 하였다.

"천만에 그는 빈틈없는 사람이라서 그렇게 많이 못 받아요. 700만 달러가 적당해요."

그런데 모건은 그들을 만나자마자 엉뚱하게도 다음과 같이 말하는 것이었다.

"자네들하고 길게 이야기할 시간이 없네. 1500만 달러 이상은 한 푼도 더 줄 수가 없어."

보통 사람들 같으면 얼씨구나 하면서 주식을 넘겼을 것이지만 이 형제들은 침착하게 말했다.

"그것 참 실망스럽군요. 저희들은 최저 2000만 달러는 받을 것이라고 생각했는데요."

그러자 모건은 기대한 대로 다음과 같이 흥정했다.

"그럼 그 중간치로 하지."

이 형제는 먼저 조건을 제시하지 않음으로써 세계적으로 손꼽히는 교섭의 명수를 상대로 몇 백만 달러나 더 번 셈이다.

또 다른 예가 있다. 어떤 남자가 취직을 하려고 급여를 교섭하던 중 갑자기 기침이 나올 것 같아서 입을 다물고 꾹 참고 있었다.

"초임으로 월 80만 원이면 어떻소?"

회사측의 질문에 '그 정도면 되겠습니다'라고 대답을 하려는데, 갑자기 기침이 나오려고 해 입을 꾹 다물었다.

대답을 하지 않자 상대가 다시 말했다.

"그럼 90만 원이면 되겠소?"

그런데 또 기침이 나올 것 같아서 참느라고 입을 다물었고 침묵이 흐르자 상대가 잘라서 말했다.

"무척 비싸게 부르는군. 회사 방침에 어긋나지만 100만 원을 주겠소."

그리하여 그 사람은 말 한 마디 하지 않고 좋은 조건으로 취직을 할 수 있었다. 물론 누군가 만든 이야기이겠지만 일리 있는 사례라고 생각된다.

좀 역설적인 이야기지만 『손자병법』에도 '싸우지 않고 이기는 것이 최상'이라고 했듯이 말을 하지 않고서도 상대를 이길 수 있다면 얼마나 좋을까? 자기 쪽에서 먼저 조건을 제시하지 않고 상대가 조건 제시를 하게 하는 것, 이것이 바로 교섭 대화의 극치이다. 교섭의 대화는 서두르지를 않고 여유를 갖는 것이 중요하다.

논리적 설득

논리적 설득이란 서비스맨이 제시한 상품의 이익이 고객이 추구하는 바와 차이가 있는 것이라고 부정적인 의사를 드러낼 때, 서비스맨이 실증이나 논증으로 합리적인 설명을 함으로써 고객 스스로 부정적인 견해를 긍정적인 견해로 전환하도록 유도하는 것이다.

서비스맨이 제시한 상품의 이익이 자신이 원하는 바와 차이가 있다고 생각하게 되는 것은 서비스맨의 설명이 미흡하거나 고객의 욕구를 제대로 파악하지 못하고 설득한 데 그 원인이 있다.

이렇게 고객이 부정적인 견해를 가지고 있을 때는 일단 고객의 부정적인 견해에 동의한 다음 부정적인 것보다는 이익이 더 많음을 논리와 실증으로 인지시켜야 한다.

이를테면 고객이 어떤 상품에 대해 비싸다고 할 때, 그 비싼 것에 일단 동의, 공감을 표시하면서 역으로 그런 상황이 빚어지게 된 현실의 경제 상황을 인정하도록 이끈 다음, 대신 그 서비스나 상품에 대한 사후 관리 보장책 등을 상세히 설명하여 결코 비싸지 않은 것임을 인지시킨다.

또한 그 서비스나 상품을 구입하였을 때의 이익으로 인해 전개

될 여러 가지 상황을 설명하여 만족감을 느끼게 함으로써 고객은 비로소 구매하려는 심리가 생기게 되고 설득 당하게 되는 것이다.

심리적 설득

심리적 설득이란 서비스맨의 설명이나 상품 제시에 대해 고객이 갖게 되는 부정적인 심리를 긍정적인 방향으로 전환시켜 고객이 스스로 구매에 나서도록 이끄는 것이다.

고객은 서비스나 상품의 가격이 높더라도 마음에 들면 무리를 해서라도 구입하려 하지만 마음에 들지 않으면 가격이 저렴해도 구매하려 하지 않는다.

이는 고객의 감성이 이성보다 앞섬을 말해 주는 것이다. 인간의 행위는 이성의 납득과 감성의 자극, 즉, 감수성에 의해 이루어지지만 행위 유발의 가능도는 감성이 이성보다 강하다.

이성은 후천적인 학습으로 형성되어 자제라는 제어력을 지니고 있지만 감성은 이성을 제압하는 역량을 지니고 있다. 다시 말하면 고객은 구매에 관한 결심부터 하고 나서 그 결심을 정당화시키는 데 필요한 핑계를 찾는다는 것이다. 인간을 가리켜 이성보다 감성이 앞서는 동물이라고 함은 바로 이 때문이다.

고객이 상품을 구매하게 되는 이유는 논리적으로 설명이 가능한 상품의 효용성, 즉 상품의 물리적인 가치성을 인지해서라기보다는 상품을 소유했을 때에 전개되는 심상의 양상인 연상에 만족해서이다.

상품의 물리적 가치성을 인지하는 것은 이성인 지적 능력에 의

한 것이므로 고객간에 정도의 차이는 있으나 거의 동질적인 것이지만 심리적 가치면은 감성 수용에 의한 것이므로 개개인의 감성 수용도에 따라 개인차가 심한 데다가 심리 동향에 따라 가변적이며, 심리 동향은 상황 변동 자극에 예민하게 반응하게 된다. 따라서 서비스맨은 자기의 설명이나 상품을 대하여 고객이 심리적으로 화려한 그림을 그리도록 이끌어야 한다.

감정적 설득

감정적 설득은 주로 고객의 자존 자아 본능과 자기 실현 본능을 자극하여 반발심을 도출시키는 것이다.

고객은 자존심이 훼손당하거나 능력의 한계성을 폄하당하거나 하면 감정이 격앙되어 비이성적 행위를 서슴지 않게 된다.

서비스맨이 상품을 설명할 때, 고객 중에는 판별력이 부족하여 상품의 가치성이나 효율, 효능성을 제대로 파악하지 못하는 부류가 있는데, 당신도 그런 부류에 속할지 모른다고 암시를 주면 그 고객은 허세 심리를 표출하게 된다.

상품을 제시할 때 저가품과 고가품을 비교 제시하거나, 고가품보다는 저가품에 설명 비중을 두는 세일즈맨의 판매 방식은 고객의 허세 심리 표출을 기대해서이다.

감정 설득은 굴욕 심리, 허세(허영) 심리, 경쟁 심리 등에 자극을 주어 반발심을 야기시킴으로써 구매 행위를 유도하는 것이다. 그러나 고객은 자존심이 심하게 훼손당하거나 능력에 닿지 않아 좌절감을 품게 되면 감정 격앙으로 자제력을 잃고 서비스맨이나 제시된 상품에 대해 극렬한 저항심과 증오심을 품게 될 수도 있다.

따라서 감정적 설득을 시도할 때에는 고객이 모멸감이나 열등감을 느끼지 않도록 직설적으로 하지 말고 우회적인 방법, 즉 암시적인 방법을 택해야 한다.

고객 유형별 설득 요령

• 충동적인 고객

충동적인 고객은 행동이 빠르고 성급하며 강렬하고, 때로는 돌발적이어서 서비스맨을 어리둥절하게 한다. 충동적인 고객은 행동파이다. 그런 고객은 불에 달아 있는 쇠 같은 성질을 가진 사람들로서 여유 있게 서비스맨의 말을 듣지 못한다.

따라서 그런 고객을 설득할 때 주의 환기나 분위기 조성을 한답시고 시간을 끈다면 이들은 그냥 돌아서서 나갈 것이다. 이들에게는 사실만 간단하게 설명하고, 정열적으로 셀링 포인트를 잡아 주면 의외로 쉽게 당신의 단골 고객이 될 수 있다.

• 의심 많은 고객

의외로 고객들은 의심이 많다. 서비스맨이 열심히 설명을 해도 의심스러운 눈으로 슬쩍슬쩍 곁눈질을 하면서 적당히 대답하는 것이 고객의 일반적인 성향이다.

이런 고객을 설득하려 할 때는 사소한 것에서부터 고객의 신뢰를 얻어 확대해 나가야 한다. 이런 고객에게는 설득을 뒷받침할 수 있는 자료를 제시해야 한다. 예를 들자면 신문이나 각종 언론

매체를 스크랩해 두었다가 보여 주거나 사회적으로 성공한 사람이나 권위 있는 사람, 또는 자신들이 잘 알고 있는 사람들도 모두 구입했다는 사실을 증명해 보이면 의외로 쉽게 상품을 구입하게 된다. 이들은 처음에는 까다롭게 굴지만 한 번 믿기 시작하면 그 다음부터는 단골 고객이 될 가능성이 오히려 더 크다.

• 심사 숙고하는 고객

심사 숙고하는 고객은 행동이 느리다. 성급하지 않으며 인내심이 강하다. 그는 침착하게 서비스맨을 대하며 서비스맨이 하는 말을 주의 깊게 듣는다. 그는 충동적인 고객처럼 성격이 불같지 않고 경쟁사의 상품과 당신이 설득하고자 하는 상품을 철저히 비교한다. 아무리 시간이 많이 걸리더라도 당신이 경쟁자보다 많은 혜택을 줄 수 있다는 확신을 그의 마음 속에 심어 주지 못하면 그는 당신의 고객이 되지 못한다.

이런 유형의 고객을 대할 때는 풍부한 상품 지식과 정확한 정보를 가지고 설득해야 한다. 내일이 있다고 믿으며 인내심을 갖고 천천히 고객을 설득하여야 한다.

• 자기 자랑이 심한 고객

이런 고객은 단순하며 악의가 없는 사람인 경우가 대부분이다. 이런 고객을 설득하고자 할 때는 맞장구를 쳐주는 것이 유용한 수단이 된다.

• 불평 불만이 많은 고객

불평이 많은 고객은 서비스맨이 설명하는 모든 것을 제대로 수용하지 않는다. 괜히 트집을 잡으려 하고 까다롭게 행동한다. 이런 고객에게는 억지로 설득하려고 할 것이 아니라 일단 그의 불평 불만을 수용해 주면서 공감을 바탕으로 설득에 나서야 한다.

• 수다스런 고객

상당한 인내가 필요하다. 끝까지 참고 들어 주어야 한다. 만일 끝까지 들을 수 없다면 적당한 때를 잡아서 칭찬을 해 주고 말의 주도권을 슬그머니 뺏은 다음 설득에 나서야 한다.

고객이 싫어하는 서비스맨 베스트10

1. 고객은 항상 자기가 우위에 있기를 바라기 때문에 잘난 척하거나 거만한 서비스맨을 싫어한다.
2. 고객은 자기를 무시하는 듯한 서비스맨을 싫어한다.
3. 고객은 얼렁뚱땅 우선 팔고 보자는 서비스맨을 싫어한다.
4. 고객은 집요하게 설득하거나 강요하는 서비스맨을 싫어한다.
5. 고객은 복장 등이 구질구질한 서비스맨을 싫어한다.
6. 고객의 말은 무시하고 자신의 말만 많은 서비스맨을 싫어한다.
7. 고객은 겉모습으로 사람을 평가하는 서비스맨을 싫어한다.
8. 고객은 약속을 지키지 않는 서비스맨을 싫어한다.
9. 고객은 비싼 것만을 권장하는 서비스맨을 싫어한다.
10. 고객은 고객을 차별하는 서비스맨을 싫어한다.

- **성격이 급한 고객**

"5분만 시간을 내주십시오. 딱 5분입니다"라는 식으로 접근하여 가장 빠른 시간 내에 설득을 마치도록 한다. 이런 고객에게 장황한 설명이나 중언부언은 금물이다. 일단 결론부터 말하고 간단명료한 설명으로 설득해야 한다.

- **성격이 명랑한 고객**

서로 마음을 터놓을 수 있는 좋은 고객이다. 너무 사무적으로 접근하지 말고 솔직하게 장단점을 다 털어놓으며 허심탄회한 설득을 해야 효과적이다. 때로는 마음의 벽을 허물고 유머를 활용하

설득의 기본 요소 베스트10

1. 무엇보다 자신감을 가지고 훌륭히 잘 설득이 된다고 생각하라.
2. 많은 사람을 설득하기 위해서는 질문을 어떻게 하느냐가 성공의 관건이다. 긍정적인 사람은 인정해 주고 부정적인 사람은 고단수의 질문으로 고객의 마음을 읽어 낼 수 있어야 한다.
3. 강매하지 말고 애원하지 말며 당당하게 설득하라.
4. 고객의 입장에서 호의를 갖고 말하며 공감대를 형성하라.
5. 소리를 연출(음조, 억양, 강약, 완급)하고 예화를 활용하라.
6. 언쟁은 피하라. 언쟁을 하는 순간 지는 것이다.
7. 판단은 고객에게 맡겨라. 충분히 설명한 후 고객이 결정하게 한다.
8. 풍부한 화제를 갖고 말하되 공통 화제에서 출발하라.
9. 순서를 정해 차근차근 논리 있게 말하라.
10. 구체적인 사례를 들어 감정에 호소하라.

며 적절한 농담도 할 필요가 있다.

이런 고객은 대인관계에 있어서 우호적인 감정의 소유자인 만큼 우물쭈물 하지 말고 적극적으로 설득에 나서는 게 좋다. 그러나 상대방의 페이스에 말려들어서는 곤란하다.

• 말이 없는 고객

이런 고객은 상대하기가 버거운 대신에 한 번 마음에 들면 오랫동안 거래가 이루어질 수 있다는 점을 인식하고 온화한 미소와 따뜻한 말씨, 그리고 무엇보다도 성실한 자세로 조리 있게 설득한다. 지속적인 만남과 신뢰의 교류가 필요하다.

3
경청하기

직업의 종류는 매우 많다. 그 많은 직업 중에 '잘 듣기'로 먹고 사는 직업이 있다. 누구일까? 바로 정신과 의사이다. 정신과 의사들은 듣는 데 탁월한 선수이다. 환자가 찾아오면 처음부터 환자의 이야기를 경청한다. 환자가 자기의 이야기를 속 시원히 다 털어놓는 것만으로도 상당한 치료 효과가 있다는 것이다.

환자가 자기의 깊은 속내를 솔직히 다 털어놓도록 유도하는 것이 정신과 의사의 임무라 할 만큼 의사는 듣기에 능수능란하다. 그렇게 다 쏟아 낸 환자의 이야기를 토대로 환자를 진찰하고 병의 원인을 찾아 내며 처방을 한다.

고객과 서비스맨의 대화도 깊이 생각해 보면 환자와 의사의 대화와 비슷함을 알 수 있다. 고객이 뭔가 심중을 말하면 그 이야기를 통하여 고객의 심리를 파악하고, 그에 알맞은 대응책을 제시해야 하기 때문이다. 따라서 서비스맨도 '잘 듣기'의 명수가 되어야 한다.

고객과 서비스맨의 관계는 거의 대부분 대화로 시작해서 대화로 끝난다. 그런데 대부분의 서비스맨들은 대화의 과정에서 잘 들어 주기보다는 말을 더 많이 한다. 뭔가 열심히 말을 해서 고객을 설득하려고 애쓴다.

그러나 이것은 대화의 기초를 모르는 행위이다. 대화의 기본은 말하는 데 있지 않고 듣는 데 있다. 이 점을 명심해야 한다.

'말을 잘 한다는 것은 잘 듣는 것'이라는 이야기가 있다. 대화에 있어서 말을 듣는 것은 말을 잘 하는 것 이상으로 중요하다는 뜻이다. 특히 고객과의 대화에서는 가능한 한 고객이 말을 많이 하도록 유도해야지 응대자가 말이 많아서는 곤란하다.

20 대 80 법칙은 대화에도 그대로 적용된다. 즉 말하기를 20% 하고 듣기를 80% 하라는 말이다. 그만큼 서비스에서 고객의 말을 잘 들어 주는 것은 중요하다. 다음은 성공 칼럼니스트 이내화 씨가 인터넷 사이트인 '샐러리맨'에서 풀어 놓은 말인데, 재치가 돋보여 소개한다.

한자의 들을 '廳(청)'자를 분석해 보면 재미있는데, 바로 耳 + 王 + 十 + 目 + 一 + 心으로 구성되어 있음을 알 수 있다. 이를 나름대로 의미를 두고 살펴보면 이렇다. '왕(王)처럼 큰 귀(耳)로, 그리고 열 개 (十)의 눈(目), 즉 진지한 눈빛으로, 하나(一)된 마음(心)으로, 즉 진심으로 들어 주는 것' 이것이 바로 '들을 廳'인 것이다.

옛말에 '말을 배우는 데 2년이, 침묵을 배우는 데 60년이 걸린다'

고 했듯이 고객과의 대화를 위해서는 유창한 말하기를 배우기보다 잘 듣기를 배워야 한다.

당신이 세일즈를 한다고?

내가 처음 보험 세일즈를 시작하려고 했을 때 주위의 많은 사람들은 쌍수를 들어 반대를 했다. 나를 가장 정확하게 알고 있다고 자부하는 남편까지도 말이다. 세일즈에 뛰어드는 것을 반대하는 가장 큰 이유의 하나는 성격이 지극히 내성적이라는 것이었고, 그 다음은 말수가 적다는 것이었다.

일반적으로 세일즈맨이라면 좀 극성맞고 말 많은 사람으로 생각을 한다. 그런데 나는 그런 것과는 너무 거리가 멀었던 것이다.

사실 나 자신도 많이 불안하고 자신이 없었다. 뭔가 이루어 보겠다고 결심을 한 끝에 세일즈에 발을 들여놓기는 했으나 나의 성격이나 기질을 돌아보니 아닌 게 아니라 문제가 많았던 것이다.

나는 사람들과 어울리는 것을 기피할 만큼 내성적이었고, '모니(석가모니)'라는 별명이 있을 만큼 말이 적었다. 어쩔 수 없이 참석하는 모임에서도 나는 말 한 마디 하지 않고 돌부처처럼 앉아서 미소만 짓다가 돌아오기 일쑤였다. 그런 내가 세일즈를 하겠다니.

하지만 나는 도전했다. 대화법에 관한 책을 섭렵하면서, 고객과 대화를 할 때 잘 들어 주는 것이 말을 많이 하는 것보다 더 중요하다는 사실도 알았다.

고객은 서비스맨이 말하는 것을 듣기보다는 자신이 말하는 것을 더 좋아한다는 사실을 발견하고 잘 듣기를 실천에 옮겼다. 그리하여 나는 결국 톱 세일즈맨이 되었고, 지금도 사람들은 자기의 말을 잘 들어 주는 나를 좋아하는 것이다.

흔히들 유능한 세일즈맨이라면 너스레도 잘 떨고 말이 많은 '약장수' 같은 사람을 떠올린다. 하지만 탁월한 세일즈맨을 연구해 보면 뜻밖에도 말수가 적고 내성적인 사람들이 더 많다는 재미있는 결과를 발견할 수 있다.

몇 년 전 전국 보험 판매왕으로 매스컴에 소개된 P씨는 내성적인 성격에 말을 더듬기까지 하는 최악의 조건을 가지고 있었다. 하지만 그의 성공 비결은 뜻밖에도 다른 곳에 있었다. 고객을 만나 긴장을 하면 말을 더듬는 습관 때문에 모르는 사람과의 대화를 가장 두려워했던 그는 말하기보다는 경청하는 쪽을 택했고, 열심히 경청한 결과 오히려 고객들은 그를 신뢰하고 그에게 호감을 느끼더라는 것이다. 그런 신뢰를 바탕으로 그는 고객들의 사랑을 받으며 판매왕의 자리에까지 오르게 된 것이다. 그러고 보면 경청의 위력이란 실로 대단한 것이다.

여기에 내가 고객과 접하면서 나름대로 터득한 '듣기'의 방법을 소개하고자 한다. 그러나 무엇보다 중요한 것은 각자 자신의 스타일에 맞게 '듣기법'을 만들어야 한다는 점이다.

효과적으로 남의 말을 듣는 법

1. 의도적으로 고개를 끄떡여라
   고개를 무작정 끄떡거리라는 이야기가 아니다. 이따금 천천히, 깊게 의도적으로 고개를 끄떡여 보여라. 그러면 상대에게 자신감 있고, 활력 있으며 품위 있는 사람으로 비추어질 것이다.

2. 맞장구를 쳐라
   맞장구는 한 마디로 대화의 활기를 띠게 해 주는 것이다. 귀 기울여 이야기를 듣다가 가능한 한 많은 맞장구를 친다. 그래서 동감, 관심 등을 나타내도록 한다. '옳습니다', '그렇습니다' 등 동감을 나타내는 말은 얼마든지 있다.

3. 미소로 상대방을 사로잡아라
   미소는 만국 공통어이다. 타인의 적극적인 관심을 이끌어 내고 당신을 편안하게 해 준다. 미소를 지음으로써 당신은 긴장을 줄이고 자신의 의중을 남에게 들키지 않을 수 있다. 또한 당신이 미소를 지으면 상대방은 당신을 천성이 좋고 유머 감각이 풍부하며, 삶을 즐기는 여유 있는 사람으로 보게 되어 자기의 의중을 쉽게 털어놓을 것이다.

4. 제스처를 활용하라
   때로는 말보다 효과적인 것이 몸동작이다. 예를 들어 상대방에게 찬성이나 축하를 전하고자 한다면 백 마디의 말을 하는 것보다 엄지손가락을 치켜세워 보라. 말보다 훨씬 강하게 뜻을 전달할 수 있을 것이다. 상대의 말을 듣는 사이사이에 상황에 적당한 제스처를 활용해 보자.

5. 말허리를 꺾지 말라
   상대가 때로는 잘못된 내용, 모순된 이야기를 하는 일도 있을 것이다. 그런 경우 고객의 이야기를 가로막고 잘못이나 모순점을 지적해서는 안 된다. 그런 태도를 취하게 되면 상대는 자존심이 상하게 되고 화가 나서 돌변해 버린다. 인간은 이성보다 감정이 앞선다는 것을 잊어서는 안 된다.

4
칭찬 마케팅

모 방송사의 '칭찬합시다' 라는 코너가 많은 인기를 끌었다. '칭찬합시다' 라는 슬로건을 내걸고 릴레이식으로 칭찬 대상자를 찾아간다. 그리고 그 사람의 선행을 소개해 주는 것인데, 칭찬 받는 사람들이 수줍어하고 쑥스러워 하면서도 무척 좋아하는 모습을 보고 있노라면 역시 칭찬이란 좋은 거구나 하는 생각이 든다.

칭찬이란 참 좋은 것이다. 칭찬하는 사람도 기분이 좋고 칭찬을 받는 사람은 말할 필요도 없다.

언젠가 자기 부모를 살해하여 세상의 비난을 받았던 젊은이가 있었는데 사건 이후의 이야기를 들어보면, 그 젊은이가 성장 과정에서 단 한 번도 부모의 칭찬을 들어 본 기억이 없다는 것이다. 기억이 없는 것인지 실제로 칭찬을 안 한 것인지는 모르겠으나 어쨌든 그 부모들이 칭찬에 인색했던 것은 사실인 것 같다. 또한 칭찬을 듣지 못했던 아들의 입장에서는 한이 맺힐 정도로 칭찬이 그리웠던 게 분명하다.

이처럼 칭찬은 자녀 교육상으로도 대단히 중요하다. 뿐만 아니라 내가 직장 생활을 하면서 때로는 부하로서 때로는 상사로서 가끔 느끼는 것인데, 사람을 다룸에 있어서도 칭찬만큼 유용한 수단이 없는 것 같다.

돈 한 푼 들이지 않고도 사람을 기분 좋게 해 주고 사람의 마음을 움직일 수 있는 것이 바로 칭찬인데, 우리는 이에 대단히 인색한 것이다.

칭찬으로 사람잡기

경상도 남자와 서울 여자가 결혼을 했다. 신혼 초기에는 다정하던 신랑이 어느 정도 세월이 지나자 신부에게 별로 관심을 보이지 않게 되었다.

이대로는 안 되겠다 싶어 하루는 신부가 화장을 곱게 하고 몸에 은은한 향내의 향수도 뿌렸다. 그리고 남편이 퇴근하기를 기다렸다. 어떻게든 남편의 관심을 유도하여 신혼 때와 같은 좋은 관계를 만들고 싶어서였다. 사실 이 정도면 참 괜찮은 여자다.

드디어 남편이 퇴근을 하고 집으로 돌아왔다. 아내는 신혼 때를 생각하면서 약간의 애교를 섞어 가며 남편을 반갑게 맞이하였다. 그러나 정작 남편은 별다른 반응이 없었다. 저녁 식사를 할 때도 텔레비전을 보면서도 아내의 변신에 전혀 관심을 보이지 않는 것이었다.

참다 못한 아내가 남편에게 물었다.

"여보 나한테서 좋은 냄새 안 나?"

그러자 무뚝뚝한 경상도 남자 하는 말.

"와, 니 방구 낀나?"

하는 수 없이, 섭섭한 마음을 달래며 아내가 이실직고를 했다.

"나, 향수 뿌렸잖아!"

그러자 남편이 하는 말.

"니, 어디 아프나?"

물론 누군가가 우스갯소리로 만들어 낸 이야기일 것이다. 그리고 경상도 남자라고 꼭 그런 것만도 아닐 것이다. 그러나 어떤 부부 사이에서든 한 번쯤 일어날 수 있는 상황임을 부인하지 못할 것이다.

이렇게 상대에게 무관심하고 칭찬에 인색하니 결과적으로 우리 나라 부부의 이혼율이 세계적 수준이 된 것이다.

자녀나 아내, 또는 부하를 다룸에 있어서만 칭찬이 유용한 것은 아니다. 고객을 상대함에 있어서도 칭찬은 그 위력을 유감 없이 발휘할 때가 많다. 그래서 요즘엔 칭찬도 마케팅의 도구로 사용하는데, 이름하여 칭찬 마케팅이다.

칭찬함으로써 고객의 마음을 사로잡고 그로 인하여 상품이 팔린다면 이보다 더 좋은 마케팅이 어디에 있겠는가. 더욱이 돈 한 푼 들이지 않는다는 점을 감안하면 가장 경제적인 마케팅 도구라 할 수 있을 것이다.

서비스맨과 칭찬

그래서 서비스맨은 칭찬에 더욱 익숙해야 한다. 칭찬을 버릇 들여야 한다. 칭찬도 버릇이라서 한 번 버릇 들여 놓으면 술술 잘 나오게 되어 있다.

내가 아는 사람 중에 한마디로 칭찬의 도사가 있다. 정말 칭찬을 잘 한다. 옆에서 그가 남을 칭찬하는 것을 듣고 있노라면 속으로 감탄할 때가 한두 번이 아니다.

어떻게 그런 칭찬 화법을 구사할 수 있느냐고 물으니, "상대방에 대한 깊은 관심만 있으면 저절로 그렇게 된다"고 하였다. 맞는 말이다.

그가 칭찬하는 것을 보면 사실 엄청나게 거창한 칭찬을 하는 것도 아니다. 하긴 거창한 칭찬거리라면 별 효과도 없다. 왜냐하면 남들도 이미 다 칭찬해 주었을 테니까. 따라서 칭찬은 남들이 하지 못한 것을 해야 하는데, 그러려면 상대방에게 세심한 관심을 기울여야 하고, 그러다 보니 작은 칭찬일 경우가 많다.

그의 칭찬은 대개 이렇다.

"넥타이 참 잘 어울리네요."

"안경 바꾸셨군요? 아주 멋져요." 이런 식이다.

그런데 대부분의 사람들은 그런 칭찬을 못한다. 어떤 넥타이를 매고 있는지 한 번만 살펴보면 곧 칭찬거리가 발견될 텐데 그런 관심이 없는 것이다. 지난번에 어떤 안경을 쓰고 있었는지 그걸 알고 있다는 것 자체가 상대방에게는 매우 신기하고 호감 가는 일이 된다.

그렇게 고객에게 세심한 관심을 기울여 주는 서비스맨을 대하는 고객의 입장에서는 설령 서비스가 좀 부실하더라도 인간적이라는 이름으로 이해하게 된다. 그러니 자연히 고객과의 관계가 부드러울 수밖에 없다.

칭찬의 위력은 매우 강하다. 그러므로 프로 서비스맨은 반드시 칭찬 마케팅을 구사할 줄 알아야 한다. 넥타이가 어떻다는 등, 그건 너무 낯간지러운 일이 아니냐고 할는지 모른다. 하지만 말 한 마디로 고객을 사로잡을 수 있는 게 칭찬이요, 말한 사람도 즐겁고 듣는 이도 즐거운 게 칭찬인데, 그것에 인색할 이유가 없다.

미묘한 고객의 변화나 상황을 제대로 인식하지 못하고 그것에서 칭찬거리를 발견할 줄 모른다면 당신은 프로 서비스맨으로서의 자격이 없다고 하는 게 맞다.

칭찬을 버릇 들여라. 타인에게서 칭찬거리를 발견할 줄 아는 지혜를 터득하라. 그리고 말하라. 그러면 고객은 곧 당신에게 열광할 것이다.

칭찬의 명수가 되라

고객에게 칭찬할 줄 모르는 서비스맨은 직무 유기를 하고 있다고 해도 과언이 아니다. 즉, 서비스맨으로서 고객을 칭찬하는 것은 일종의 서비스라고 생각하면 된다. 말하자면 립 서비스이다.

그런 칭찬 서비스를 제공하려면 칭찬의 명수가 되어야 한다. 항상 남을 칭찬하는 칭찬 과잉증을 앓아야 하고, 칭찬의 고수들이 어떻게 칭찬을 활용했는지 벤치마킹하여 배우고 실천해야 한다.

한 시대를 풍미했던 영웅 나폴레옹도 칭찬을 잘 활용한 고수였다. 그는 칭찬을 '무형의 훈장'이라고까지 했다. 훈장을 주면 감동하고 더욱 충성하게 된다. 마찬가지로 칭찬 역시 그런 효과가 있다고 그는 생각한 것이다. 칭찬이라는 훈장을 남발(?)했다고 할 만큼 그는 부하를 많이 칭찬했고, 그럼으로써 부하들의 충성심을 잡을 수 있었다는 것이다.

만화가 웹스터는 자신이 알고 지내는 사람 20명에게 아무런 이유도 없이 '축하합니다(congratulations!)' 하는 전보를 보냈다. 그런데 그 모두에게서 감사하다는 인사를 들었다고 한다. 사실, 무엇이 축전까지 받아야 할 일인지는 본인들도 잘 몰랐을 것이다. 단지, 무언가 축하 받을 일이 있는가 보다고 생각했을 것이고, 자기들의 일상에서 한두 가지를 끄집어내어 '아마 그 일 때문인가 보다'고 생각했을 것이다. 그리고 기분이 좋아진 나머지 감사하다는 답신을 보내게 된 것이다.

이 사례에서 무엇을 배울 수 있는가. 인간은 크든 작든 남으로부터 인정받고 축하받을 거리를 가지고 있음을 알게 되며, 아울러 칭찬받으면 기분이 좋아진다는 사실이다.

고객이라고 해서 다를 바가 없을 것이다. 따라서 크든 작든 '거리'만 있으면 칭찬하는 것이 좋다.

어떤 프로 야구팀의 감독은 칭찬의 위력을 이용해서 선수들의 단점을 고쳤다.

"자네는 컨트롤이 나쁘군. 공은 빠른데"라고 말하는 것과 "훌륭한 강속구를 가지고 있군. 거기에 컨트롤만 있으면 되겠어"라고 말하는 것과는 전혀 다르다. 그 감독은 같은 지적을 하더라도 후

자의 칭찬 화법을 사용한 것이다.

먼저 장점을 칭찬하고 다음에 단점을 고치도록 하면 그것을 받아들이는 태도가 달라지고 연습에 임하는 자세가 달라진다는 것이다.

이와 반대로 먼저 결점을 지적하고 그 후에 좋은 점을 칭찬하게 되면 듣는 이는 칭찬의 말에 귀기울이기보다는 먼저 말한 결점의 지적에 비중을 더 둠으로써 전체적으로 힐책으로 받아들이게 된다.

유명한 칼럼니스트 P씨. 그는 자신이 유명 칼럼니스트가 되기까지는 칭찬으로 자신을 키워 준 스승이 있었다고 한다.

그는 글이라곤 초등학교 시절 일기를 써 본 것밖에 없었다. 그러던 어느 날 작문 시간에 울며 겨자 먹기로 억지로 써낸 글을 선생님이 보고는 "너의 글은 아주 순수하고 꾸밈이 없어 좋구나. 앞으로도 틈나는 대로 많은 글을 써 봐라"라는 칭찬을 듣고부터 글쓰기에 흥미를 느끼기 시작했고, "너라면 누구보다 잘할 수 있을 거야", "넌 꼭 해낼 수 있어"라는 격려와 칭찬을 계속 들은 끝에 전혀 예상치 못했던 '글쟁이'로 성공했다는 것이다.

신화적 판매왕 조 지라드도 칭찬을 잘 활용한 사람이다. 그의 성공 비결은 고객들이 그를 좋아하도록 만드는 것이었다고 말했다. 그는 매달 13,000명 이상의 고객들에게 '나는 당신을 좋아합니다' 라는 메시지가 적혀 있는 카드를 보냈다. 지라드의 말을 빌리면 "카드에는 내 이름 외에 아무것도 적지 않아요. 그저 나는 그들에게 내가 그들을 좋아한다고 말할 뿐입니다"라고 말한다.

그러나 '나는 당신을 좋아합니다' 라는 카드를 1년에 열두 번 정확하게 13,000명의 고객들에게 도착하게 만드는 지라드의 행동의 결과는 엄청난 것이었다. 지라드는 인간 본성에 관한 매우 중요한 사실을 깨우치고 있었는데, 사람들은 칭찬에 매우 굶주리고 있었다는 것이며, 내가 상대를 좋아해야 상대도 나를 좋아하게 된다는 사실이었다.

그래서 그는 13,000명의 개인적인 칭찬거리를 일일이 차별화할 수 없었기에 공통적인 칭찬의 용어로 '나는 당신을 좋아합니다' 라는 말을 채택하였고, 그 말을 정기적으로 상대방에게 보낸 것이다. 그가 고객의 마음을 사로잡았음은 물론이다.

인간은 아무리 나이가 들어도, 그리고 소위 출세를 해도 남으로부터 칭찬 받는 것을 매우 좋아한다. 따라서 서비스맨은 칭찬의 위력을 믿고 어떻게 칭찬함으로써 고객의 마음을 사로잡을 수 있을지 많은 연구를 하고 또한 실천하여야 할 것이다.

영국의 속담에 "바보를 칭찬해 보라. 그러면 훌륭하게 쓸 수 있다"는 말이 있는데, 나는 "고객을 칭찬해 보라. 그러면 고객이 당신의 훌륭한 팬이 될 것이다"라고 말하고 싶다.

아무쪼록 칭찬의 명수가 되길 바란다.

칭찬의 기술

무조건 칭찬한다고 고객이 좋아하지는 않는다. 잘못 칭찬했다가는 오히려 빈정거리거나 상대를 '가지고 노는 것'으로 여겨 불쾌하게 생각할 수도 있다. 당연히 칭찬에도 다음과 같은 기술이 필요하다.

- 고객에 대한 칭찬을 하기에 앞서, 먼저 자기 주변 사람을 칭찬하는 습관을 길러 보라. 가족과 동료, 친구와 이웃을 칭찬하라. 칭찬에 익숙한 사람은 선한 사람이다. 그리고 사물을 아름답게 보는 눈과 상황을 적절히 판단하여 들을 줄 아는 귀, 장점을 가려서 이야기하는 입이 있는 사람이다. 먼저 그런 눈과 귀와 입을 가진 서비스맨이 되라.

- 칭찬은 말의 꽃다발이다. 꽃다발을 바치는 심정으로 우선 당신이 상대방에게 호감을 갖고 찬사를 던져야 한다. 이심전심이란 말도 있듯이 당신이 호감을 갖고 칭찬을 하는 것인지, 아니면 음흉한 계산하에 칭찬을 하는 것인지는 고객이 먼저 안다. 따라서 칭찬을 하기 전에 우선 상대방을 호의 어린 눈으로 보고자 하는 선의의 마음을 갖는 게 중요하다.

- 좋은 것을 좋다고 말하는 데 대하여 부담을 갖거나 쑥스러워할 이유는 없다. 고객의 여러 조건 중에 좋은 것이 있으면 그대로 표현하면 된다. 예를 들어 넥타이가 멋지다면 "넥타이가 정말 멋있네요"라고 말하면 된다. 목소리가 좋은 고객이라면 속으로 '이 사람 목소리가 참 좋구나'라고 생각만 할 것이 아니라 언어로써 표현해야 한다. "목소리가 참 매력적이네요"라고 하면 되는 것이다. 왜 말을 못하고 절호의 찬스를 놓치는가 말이다. 말하라. 느낀 대로 본 대로 말하면 된다.

- 효과적인 칭찬을 위해서는 칭찬할 만한 것을 칭찬해야 한다. 칭찬을 할 때 사실과 지나치게 차이가 나면 오히려 더 불쾌하게 느낀다. 외모에 자신이 없는 고객에게 "무척 아름다우시군요"라고 표현한다면 상대방의 기분이 어떨 것인가. 고객

을 잘 관찰한 다음에 칭찬에 적합한 요소를 발견하여 "피부가 너무 고우세요", "눈망울이 너무 맑으세요", "입술이 매력적이시네요", "패션 감각이 뛰어나세요" 등등 적합한 칭찬거리를 찾아 내야 한다.

- 간접적인 칭찬 법으로는 고객과 관련된 일이나 사람, 사물을 칭찬하는 것이 좋다. "아드님이 정말 똘똘하게 생겼네요", "따님이세요? 너무 예뻐요"라는 말은 간접적인 말이지만 직접적인 칭찬 못지않게 효과가 크다. 한 마디의 칭찬만으로도 고객들은 자신의 존재를 인정해 준 사람에게 큰 호감을 느낀다. 호감을 느낀 고객은 틈만 나면 자신을 인정해 준 사람 주변에서 서성거리게 될 것이다. 칭찬의 위력은 바로 이런 것 아닐까 한다.

- 칭찬은 과감하게 그리고 구체적으로 하라. 상대가 여성일 때는 더욱 그렇다. 영국 금언(金言)에 '여성은 맞대 놓고 칭찬하라' 하였다. 칭찬을 잘 하는 사람은 상대방에 대하여 관심이 많고 상대방을 많이 알고 있는 사람이다. 날마다, 시간 날 때마다 칭찬의 말을 아끼지 말아라. 그러면 놀라운 결과가 당신에게 나타날 것이다.

MS 칭찬, SS 칭찬

같은 칭찬이라도 MS적 칭찬과 SS적 칭찬이 있다고 나는 생각한다. 지금까지 서비스맨들이 하던 칭찬은 대부분 MS적 칭찬이다. 즉, 매너나 예절 수준의 단편적인 칭찬이라는 말이다.

예를 들어 잘 생긴 고객에게 "정말 멋지십니다"라고 했다면 단순히 사실의 나열에 불과한 칭찬이다. 단골 고객에게 "늘 이렇게 이용해 주셔서 감사합니다"라고 말했다면 그 역시 평범한 칭찬일 뿐이다(감사를 표하는 것도 충분한 칭찬이 된다).

단순한 인사치레, 평범한 사실의 나열, 누구나 다 아는 칭찬 이런 것을 나는 MS적 칭찬이라고 분류한다. 그런데 지금까지 대부분의 서비스맨들이 그런 류의 칭찬을 해 왔다는 것이다. 아니, 그 정도의 칭찬도 제대로 못해서 탈이었다고 하는 편이 낫겠다.

물론 MS 차원의 칭찬 정도라도 확실히 버릇들이고 익혀서 잘해야 한다. 그러나 좀 더 욕심을 내고 좀 더 연구해서 SS적 칭찬으로 한 발 더 나아갈 것을 권한다. 그래야 프로 서비스맨이라 할 수 있는 것이다.

SS적 칭찬은 어떤 것인가. 마케팅적 칭찬, 서비스적 칭찬, 판매 지향적 칭찬이요, 프로 서비스맨 다운 칭찬을 말한다.

예를 들어보자.

"선생님, 늘 저희를 이용해 주셔서 감사합니다"라는 말이 MS적 칭찬이라면, "선생님은 저희 점원들이 제일 좋아하고 감사드리는 VIP십니다"라면 SS적 칭찬이다. 왜냐하면 칭찬을 들은 그 고객은 계속 VIP로 남기 위해 앞으로도 VIP적인 거래를 할 것이기 때문이다. 즉, 칭찬을 통하여 고객의 향후 행동을 통제 또는 조종하는 효과를 발휘하는 판매 지향의 마케팅적 칭찬이라 할 수 있다.

예를 또 들어 보자.

선선히 예금 거래를 시작한 멋쟁이 신규 고객에게 "선생님, 넥타이가 참 멋있습니다"라고 했다면 단지 외모에 초점을 맞춘 칭찬이므로 MS적 칭찬이라 할 것이다.

그러나 '넥타이' 라는 외적 요소에 칭찬의 초점을 맞추는 것이 아니라, '거래' 라는 행위에 초점을 맞춰서 "선생님은 정말 화끈하십니다"라고 칭찬을 하면 고객은 '화끈하다' 는 평가에 기분이 좋아짐은 물론(한국인들은 '화끈하다' 는 평가를 매우 좋아한다) 앞으로의 거래에서도 '화끈한' 기질을 보여 주려고 무의식중에 노력하

효과적인 고객 칭찬 방법

1. 대담 찬사법 - 대담하게 칭찬하는 방법
  "손님, 그 모자를 쓰시니 10년은 더 젊어 보이십니다."
2. 단순 찬사법 - 사실 그대로 본 대로 느낀 대로 말하는 방법
  "손님, 목소리가 참 좋으십니다."
3. 호칭 변형 찬사법 - 고객의 호칭을 변경시켜 부르는 찬사법
  "김 사장님!"
4. 감탄 찬사법 - 고객의 모습을 보거나 이야기를 들으면서 하는 찬사법
  "어쩜!" "역시!"
5. 반문 찬사법 - 고객에게 되묻는 형식의 찬사법
  "아! 그러십니까? 몰라 뵈었습니다."
6. 비유 찬사법 - 유명인이나 좋은 것에 비유하는 찬사법
  "손님 눈이 나탈리 우드 같으십니다."
  "손님 피부가 백설 같으십니다."
7. 간접 찬사법 - 소문이나 남의 이야기를 인용하는 찬사법
  "골프를 잘 치신다고 소문이 자자하더군요."
8. 소유물 찬사법 - 소유물이나 자녀를 칭찬하는 찬사법
  "아드님이 정말 잘 생겼습니다."

게 된다. 이것을 심리학에서 무의식 학습이라고 하는데, 이처럼 칭찬을 통해서도 고객을 부지불식간에 학습시킬 수 있다. 이런 것이 바로 마케팅 지향의 SS적 칭찬이라 할 수 있다.

이제 MS와 SS의 차이를 알 수 있는가? 혹자는 그게 그거 아니냐 할지 모르겠으나, 중요한 것은 간발의 차이가 나중에 엄청난 고객 감동의 차이를 잉태한다는 점이다.

칭찬의 10계명

1. 눈에 보이는 칭찬거리를 10배 증폭해서 말한다. 그러면 효과는 100배로 늘어난다.
2. 칭찬은 평소 잘 아는 사람에게만 하는 것이 아니다. 나 이외의 모든 사람은 고객이라 생각하고 낯선 사람에게도 과감히 칭찬하라.
3. 칭찬의 효과를 기대하려면 무엇보다 먼저 신뢰받는 사람이 되어야 한다. 믿음이 안 가는 사람이 칭찬하는 말은 효과가 떨어진다.
4. 칭찬을 할 때는 자연스러운 분위기에서 해야 한다.
5. 칭찬을 하라고 해서 없는 사실을 있는 것처럼 해서는 안 된다. 자칫 역효과가 날 수 있다.
6. 칭찬은 반복해서 하는 것이 좋다. 할 때마다 상승 효과가 일어난다.
7. 상대방이 기분 좋을 때 칭찬을 해야 한다. 저기압일 때 하는 칭찬은 오히려 역효과를 초래한다.
8. 상대방의 가족, 친지, 고향, 출신 학교, 자녀, 소유물 등 관계 있는 것에 대해 칭찬하면 기대 이상의 효과가 나타난다.
9. 진심으로 칭찬한다. 건성으로 하는 칭찬은 화나게 만들 뿐이다.
10. 제3자를 통해서 칭찬할 수 있다면 그것을 택하라. 당구의 쓰리쿠션처럼 월등히 높은 점수를 얻을 수 있다.

물론 MS적 칭찬이 나쁘고 SS적 칭찬이 좋다는 흑백 논리로 판단해서는 안 된다. 고객과 상황에 따라 때로는 MS적 칭찬도 해야 한다. 그리고 같은 값이라면 SS적 칭찬의 길이 없는지 좀더 연구하고 궁리하자는 말이다.

MS와 SS의 상호 보완에 따라 당신의 칭찬은 더욱 효과적이 될 것이요, 고객은 더욱 감동받을 것이다.

5
고객 구조 조정

　서비스의 사전적 의미를 보면 '보수(報酬)를 바라지 않고 남을 위하여 봉사하는 것'이라고 설명하고 있다. 참으로 아름다운 말이다. 보수를 바라지 않고 순수한 마음으로 남을 위하여 봉사할 수 있다면 그 이상 더 바랄 것이 없을 것이다. 하지만 현실의 이 세상은 그렇게 순수하질 못하다.

　요즈음 모든 기업들이 이미지 업을 위해 서비스 개선에 많은 노력을 기울이고 있다. 문턱 낮추기, 상냥한 인사, 아름다운 미소, 쾌적한 환경 조성을 위해 많은 비용을 투자하고 있는데, 왜 그러는 것일까? 과연 기업들이 순순한 마음으로 대가를 바라지 않으면서 매년 막대한 돈을 고객 서비스에 투자한다고 생각하는가? 절대로 그렇지 않다는 것을 당신도 잘 알고 있을 것이다.

　고객 만족, 고객 감동이 기업 생존의 중요한 관건이기 때문에 눈물을 머금으면서도 엄청난 투자를 하고 있는 것이다.

그러나 이제는 한 번쯤 뒤돌아보며 그 투자에 대한 효율을 따져 보아야 한다. 고객에 대한 획일적이고 맹목적인 서비스가 기업 자체를 병들게 하는 건 아닌지, 또한 더 적은 비용으로 더욱 더 많은 생산성을 올릴 수 있는 방법은 없는 것인지 말이다.

서비스 생산성과 80 대 20

약 100여 년 전 이탈리아의 경제학자인 빌프레도 파레토(Vilfredo Pareto, 1848~1923)는 사회의 여러 현상에서 재미있는 법칙성을 발견하여 이론화하였는데, 소위 80 대 20 법칙이다. 즉, 사회의 여러 현상은 80 대 20으로 나뉘는 법칙성을 가지고 있다는 것이다. 예를 들면 은행 고객의 20%는 고액 예금을 가지고 있으며, 80%는 소액 예금주라는 현상 따위를 말한다.

이 80 대 20의 법칙성은 통계적으로도 매우 일리 있는 것이다. 그것을 인정한다면 서비스에 있어서도 파레토의 이론을 활용할 필요가 있다 하겠다. 즉, 20%의 우수한 서비스가 80%의 고객을 확보하고 20%의 우수한 고객이 80%의 매상을 올리는 것이 현실이라면 고작 20%밖에 만들어 내지 못하는 나머지 80%의 서비스 노력이 얼마나 비생산적인가 하는 점도 고려해 보아야 한다.

이러한 이론은 서비스 개선에도 이용할 수 있다. 즉, 우리가 80 대 20 법칙을 단지 낮은 생산성을 확인하는 데 그치지 않고 이를 창조적으로 활용하여 적극적으로 개선해 나간다면 서비스 생산성을 획기적으로 높이는 계기를 만들 수 있는 것이다. 비생산적인 것에서 생산적인 쪽으로 자원을 재분배함으로써 더욱 번창할 수 있다는 말이다.

서비스 분야에서 80 대 20 법칙을 적용하는 핵심 목적은 최소의 비용과 인원 그리고 노력으로 최대의 서비스 생산성을 높이는 것이다.

어떻게 자원을 분배함으로써 같은 비용과 인원으로도 더 많은 고객이 만족하고 감동할 수 있는지, 또한 더 많은 수익을 낼 수 있는지를 연구하여야 한다.

서비스가 보수를 기대할 수 없는 것이라면 그럴수록 낭비적인 투자를 서비스에 퍼부울 수는 없다. 서비스에 대하여 더 이상의 무리한 인력 투자와 자본 투자는 곤란하다.

20%가 핵심이라면 80%는 낭비다. 고객의 20%가 핵심이라면 80%의 고객은 낭비 요소일 수도 있다. 그럼에도 모든 고객에게 똑같은 서비스를 제공한다면 결국 80%의 서비스가 낭비되고 있다는 말이 된다. 그럼에도 모든 고객은 평등하다는 동화적 사고에 심취되어 어느 고객에게나 똑같은 비용과 똑같은 노력을 기울인다면 어떤 일이 벌어질 것인가. 바로 이것이 MS적 발상의 서비스이다. 누구에게나 예절, 매너를 잘 지켜야 한다는 도덕적 수준의 서비스이기 때문이다.

SS적 관점에서 볼 때 고객 평등의 서비스 전략은 불합리하고 비과학적이며 낭비적이다. 그러므로 앞으로 서비스 전략을 세울 때는 낭비 요소를 없애고 생산성이 높은 20%에 전력투구하여야 한다. 그것이 이 치열한 경쟁의 시대에 살아남을 수 있는 유용한 방법이 될 것이다.

VIP 고객을 잡아라

　금융계에서부터 '귀족 마케팅'이 점점 거세지고 있다. 은행 수익에 별로 보탬이 안 되는 많은 수의 일반 고객보다는 은행에의 기여도가 큰 VIP 고객을 확실히 챙긴다는 것이다. VIP 고객에게는 각종 수수료를 면제해 주는 것은 물론 예금과 대출 금리도 차등하여 우대해 준다.

　J 은행은 본인과 가족 예금을 포함하여 예금이 10억 원 이상인 250여 명의 고객을 특별히 관리하고 있다. 이들에게는 50만 원 상당의 종합 검진 서비스를 해 주며, 클래식 연주회에 정기적으로 초청한다.

　K 은행은 우수 고객에게 음악회, 연극회, 각종 이벤트 행사에 참여시키며, 카드 사업에 있어서 레저 스포츠 이용시 할인 등의 혜택을 주고 있다.

　S 은행은 우수 고객을 정기 연주회에 초청하고 있으며, H 은행도 초우량 고객에게는 병원 종합 검진, 예술의 전당 골드 회원권, 제주도 항공 · 숙박권, 도난 방지 서비스 가입권, 호텔 디너쇼 등까지 선사한다.

　한마디로 돈 없는 사람은 서러워서 못살 것같이 서비스 분야에도 차별의 찬바람이 불고 있다.

　은행만 그런 것이 아니다. 내로라 하는 주요 기업들이 고객 차별화, 서비스 차별화 전략을 통해 더 많은 이익을 실현하고자 애쓰고 있다.

　한 가전 회사는 신용 카드 회사와 손잡고 서울 강남 지역에서 최고급 냉장고 판촉 행사를 가졌다. 회사측은 잠재 고객 5만 명을 골라 내어 전화, 우편(DM), e-메일 등을 통해 냉장고값 할인 무이자할부 등의 특전을 알렸다.

대상이 된 잠재 고객이란 다름 아니라 고소득 전자 제품 구매 실적이 많은 VIP 고객들이다. 이런 VIP 마케팅으로 한 달만에 팔린 최고급 냉장고가 약 1000대 정도가 되었다. 대성공을 거둔 것이다. 그러나 잠재 고객 명단에도 끼지 못한 다른 고객의 입장에서는 최고급 냉장고를 싸게 살 수 있는 서비스의 기회를 까맣게 모르고 지나간 셈이다.

이처럼 고객을 차별하여 서비스하는 이유는 별볼일 없는 고객에게 쓸데없이 서비스하지 않겠다는 SS적 발상 때문이다.

이러한 VIP 마케팅이 얼마나 효율적인지를 잘 보여 주는 사례가 바로 S 백화점의 사례이다.

이 백화점은 보석 판매 행사를 하면서 VIP 고객 340명에게만 DM을 통해 그 사실을 알렸다. 그 이전 행사 때 1만 명에게 DM을 보낸 것과 비교하면 3.4%에게만 초청장을 보낸 셈이다. 그러나 매출은 비슷하게 나왔다는 것이다. 초청 고객의 34%가 보석을 구입했고 66%가 다른 상품을 구입하였다. 결국 기업이 불특정 다수의 소비자에게 똑같은 기회를 주는 서비스를 하기보다 '능력'과 '의사'가 있는 소비자에게만 집중적인 서비스를 함으로써 효용을 높인 것이다. 그 전과 비교하자면 예전의 판매 행사는 96.6%에게 괜한 노력과 비용을 지불했다는 계산이 되는 것이다.

S 카드사의 경우는 1350만 명의 고객을 VIP, 초우량, 우량, 예비, 일반, 신규 등 7등급으로 나누어 관리하고 있다. 이 중 VIP, 초

우량, 예비 등급의 고객이 수로는 20%에 불과하지만 수익의 79%를 차지한다고 한다. 역시 80 대 20 법칙이 그대로 적용됨을 알 수 있다.

미국의 신용 카드 업계도 상위 20%의 고객이 회사 이익에 절대적으로 기여한다고 한다. 이른바 20%의 고객이 80%의 매출과 이익을 차지한다는 80 대 20의 법칙이 국경과 업종에 관계 없이 적용됨을 알 수 있다.

나날이 더해 가는 귀족 마케팅

이러한 VIP 마케팅, 일명 귀족 마케팅의 사례는 최근에 이르러 날로 더해 가고 있다.

몇몇 은행에서는 프라이빗 뱅킹 센터, VIP 클럽과 같은 고급스런 분위기의 고액 예금자 전용 매장을 두고 있으며, 이들 매장에서는 일반 매장 거래의 번거로움 없이 간편하고 효율적으로 고급스럽게 모든 은행업무를 원스톱으로 서비스받을 수 있다.

또한 종합 예금 관리, 세무와 법률 상담, 재테크 강연 등의 부대 서비스가 제공되며, 골프 클리닉과 같은 은행 업무와 직접적으로 관계 없는 서비스까지 제공하고 있을 정도이다. 이와 같은 서비스 차별화가 일어나는 것은 앞에서도 말한 바와 같이 고액 예금자 한 명이 일반 예금자 수십 명, 경우에 따라서는 수백 명보다 은행에 기여하는 바가 크다는 경험에 근거한 것이다.

신용 카드 업계는 전체 고객의 약 1% 이내의 고객들에게 서비스 이용 한도 월 400~500만 원, 신용 구매 한도 월 수천만 원대의 플래티넘 카드를 발급한다. 발급 대상자는 연체가 없는 고액 사용자이며, 그 희소성이 높은 만큼 외국 공항의 전용 라운지 이용, 유명 호텔 할인, 각종 편의 서비스와 프리미엄 여행 상해 보험 등과 같은 부대 서비스를 제공받게 된다.

고소득층의 가장 두드러진 소비 행태 중의 하나가 주거 시설이다. 고소득층의 이와 같은 특징을 파악한 건설 업체들이 최근 뉴욕 맨해튼의 고급 아파트를 본뜬 초호화 아파트들을 고소득층 대상으로 짓고 있다. 이들 아파트들은 90평에서 125평 규모로, 평당 천만 원 이상에 분양되고 있으며, 총 20억 원이 넘는 가격에 분양되는 경우도 있다고 한다. 이들 아파트들은 초고급 인테리어로 장식될 뿐만 아니라 아파트 주변 환경과 부대 시설도 고급 호텔 수준으로 구성된다. 이들 아파트들은 대단위인 경우를 제외하면 적극적인 마케팅 노력 없이 구전으로 분양되는 경우가 많다.

고급 승용차 시장도 귀족 마케팅이 빈번히 쓰이는 곳이다. 현대 자동차의 최고급 세단 에쿠우스의 경우 고소득 전문가 집단 3만 명 가량을 표적 고객으로 하여 이들을 대상으로 VIP 클럽을 운영하며, 이들에게 고급 문화 정보를 제공하고 있다. 에쿠우스 구매자에게는 3년 6만 km의 무보수 정비 프로그램, 정비 주치의 등을 제공하며, 정비 후 세차까지 하여 승용차를 고객에게 인도하는 등 고품질의 서비스를 제공한다.

대우 자동차에서도 체어맨과 아카디아 고객들을 위한 고급 생활 정보 클럽인 체어맨 클럽을 열고, 회원들에게 골프, 여행, 패션, 법률 상담 서비스를 제공하고 있다.

롯데나 갤러리아와 같이 고소득층 고객을 많이 확보한 고급 백화점에서는 최고급 수입 의류, 디자이너 브랜드, 모피 등으로 꾸며진 명품관을 고액 구매자를 대상으로 운영하고 있으며, 명품관은 백화점의 상대적인 품격을 나타내는 기준으로 여겨지기도 한다.

내가 실천한 귀족 마케팅

내가 고객을 대상으로 영업을 하면서 그동안 D/B에 입력된 고객은 약 3000명이다. 이 중 지속적으로 관리하고 있는 고객은 1000명 정도이고 집중 관리, 즉 VIP로 관리하고 있는 고객은 200명 정도이다. 물론 3000명 다 내게는 너무나 고맙고 소중하다.

하지만 고객 관리만을 전문으로 하는 기업도 아니고, 나 본연의 업무를 하면서 3000명의 고객을 다 관리한다는 건 불가능한 일이다. 처음에는 나름대로 고객 관리 이벤트를 만들어서 사은 행사를 하기도 하면서 노력을 해 보았지만 역부족이었다. 오히려 중점 관리해야 할 고객에게 소홀하게 되자 그들이 등을 돌리고 떠나는 가슴 아픈 일들이 심심찮게 일어났다.

이래서는 안 되겠다는 생각으로 다시 주요 고객 D/B를 구성하고 VIP고객 D/B를 만들어서 특별 관리하기로 전략을 바꾸었다. 그래서 남은 것이 주요 고객 1000명, VIP 200명이다.

200명의 고객에게는 매달 감동의 편지보내기와 수시로 해피콜을 하면서 각종 정보와 사은품 전달은 물론 각종 기념일 챙기기, 경조사 챙기기 등 특별한 관심으로 관리하고 있는데, 내 소득의 80%를 그 20%의 VIP 고객이 창출해 준다고 해도 과언이 아닐 정도다.

고객을 관리하면서 발견한 현상은 고객 스스로 자신이 중요한 고객이라고 생각하지 않으면 서비스에 대한 기대치도 낮다는 사실이었다. 이는 대단히 중요한 사실이라고 생각한다.

하지만 스스로가 중요한 고객이라고 생각하는 고객은 서비스에 대한 기대치 또한 높은데, 그들에게 만족한 서비스를 못하면 등을 돌리고 떠나고 말게 된다. 고객에 대한 서비스가 천편일률적일 수 없고 차별화될 수밖에 없음을 나 역시 절실히 느끼고 있다.

고객을 구조 조정하라

"경기가 안 좋을 때일수록 고객에 초점을 맞춘 고객 밀착 경영(CRM, Customer Relationship Management)을 해야 합니다."

1 대 1 마케팅과 CRM 분야의 세계적 컨설팅 회사인 미국의 페퍼 & 로저(Peppers & Rogers) 그룹의 팀 타일러 아시아 대표가 최근 비자 코리아 초청으로 조선호텔에서 열린 세미나에서 한 말이다. 당연한 말이다.

그러나 어떤 고객에 초점을 맞추어야 할 것인가. 당연히 고수익을 낼 수 있는 고객을 가려 내어 차별화된 서비스를 제공함으로써 불황기에도 고객 이탈을 막을 수 있다는 것이다. 즉, 호황기이든 불황기이든 큰 변화 없이 거래를 해 주는 VIP 고객이 충성도 높은 고객으로서 경영 성과에 기여한다는 것이다.

타일러 대표는 "렌터카 시장에서 상위 0.5%가 전체 매출의 25%를 차지하며, 콜라는 6%의 고객이 매출의 60%에 이른다"고 소개했다.

미국의 카드 회사인 MBNA는 고객을 만들기 전에 수익과 충성도가 높은 고객만을 차별화하는 전략으로 지난해 순이익이 28%나 늘었다. 이는 업계 평균(3%)보다 9배 이상 높은 수준이다.

그만큼 VIP 고객이 중요하며, 앞으로 서비스 생산성을 높이기 위해서는 더욱 더 VIP 중심의 고객 구조 조정이 이루어져야 할 것이다.

그 동안 우리 나라는 IMF를 거치면서 많은 기업들이 구조 조정을 겪어 왔고, 기업 내부에서는 종업원에 대한 구조 조정이 이루어졌다. 생산성이 높은 직원과 생산성이 낮은 직원을 구분하여 낮은 쪽을 퇴출시킨 것이다.

그런데 슬픈 것은 평소에 종업원의 생산성이 과학적인 자료로서 세밀히 파악되어 있지 않았기 때문에 결국은 나이 순서대로 퇴출되는 현상이 빚어지게 되었다. 구조 조정이라는 그럴듯한 이유를 대면서……. 참 한국적인 현상이 아닐 수 없다.

생산성에 따라 종업원을 구조 조정했듯이 이제는 가치 있는 고객과 그렇지 않은 고객에 따라 구조 조정을 해야 할 차례이다.

물론 우리 나라의 정서상 우량 고객과 비우량 고객과의 차별적인 서비스는 말처럼 쉬운 게 아니다. 만약 어느 기업이 고객을 차별 대우한다고 해 보자. 견뎌 내기 어려울 것이다. 비우량 고객의 저항이 우려되고 있기 때문이다. 그러나 많은 고객들은 자기가 기여하는 만큼의 서비스를 감내할 마음의 준비가 되어 있는 것도 사실이다. 우량 고객에 대한 차별적인 서비스가 나에 대한 차별이 아니라 기여도에 따른 차별이라는 것을 어느 정도 인식하고 받아들일 것이다. 그 범위 안에서 서비스 차별화, 고객의 구조 조정이 필요할 것이다.

 우량 고객 위주로 고객 구조 조정을 하지 않으면 적은 마케팅 비용을 들여서 서비스를 차별화하기 어렵다. 우리의 마케팅 자원(사람, 비용)을 우량 고객 중심으로 구조 조정하여 고객별 수익성을 증대시키는 것이다. 결국 동일한 마케팅 비용으로 최대의 효과를 올리기 위해서는 고객의 가치를 평가하여 적절한 채널로 이전시키고, 각 채널별로 차별적인 서비스를 제공해야 한다.

MS와 SS를 적절히 배분하라

 고객을 구분해서 가치를 파악하고, 고객과 원활한 커뮤니케이션이 이루어진 다음에는 고객 개인별로 상품이나 서비스를 차별적으로 제공해야 한다. 그러나 우리의 현실을 살펴보면 상품이나 서비스가 고객별로 그렇게 다양하지 못하다. 우리가 우선적으로 해야 할 일은 고객별로 다양한 서비스를 개발하는 것이다.
 앞에서 살펴본 대로 이제 서비스의 차별화 시대이다. 어느 고객이든 똑같은 서비스를 제공할 수는 없다.
 그러나 문제는 어느 정도의 차별화냐이다. VIP 고객이든 일반 고객이든 서로가 수긍할 수 있는 정도의 차별이어야지 그것이 도를 넘게 되면 결국 최대의 수익이 불가능하게 된다.
 비록 80%의 일반 고객들이 수익의 20%밖에는 기여할지 모르나, 그래도 고객은 고객이요, 고객은 왕이다.
 따라서 차별화의 수준을 절묘하게 잘 배분해야 하는데, 차별 대우를 받는 일반 고객(80%)의 마음을 어루만질 수 있는 게 바로 친

제4장 e파워 서비스의 실천 지침 251

절 서비스, 즉 MS이다.

MS는 기본 중의 기본이므로 MS조차 차별화하기는 힘들다. 귀족 고객에게는 정중히 인사하고 일반 고객에게는 인사를 안 할 수 없는 것이기 때문이다.

그런 의미에서 MS는 그것대로의 가치와 기능을 인정받는다 할 것이다.

6
열광 고객 만들기

    내가 보험 세일즈라는 험한 길을 광풍처럼 달려온 지도 어느덧 10년 가까이 되었다. 올해도 나는 다른 해와 다름없이 7만여 명의 농협 직원 중 세일즈 실적 1등을 달리고 있다.
    대개 톱 세일즈 왕으로 등극하고 나면 1~2년을 고비로 평범한 일상으로 돌아가는 게 세일즈계이다. 그만큼 경쟁이 치열하고 고객을 상대하기가 힘들기 때문이다. 그러나 나는 지금껏 톱의 자리를 지키고 있는 데 대해 자부심을 갖는다.
    물론 뼈를 깎는 노력이 뒷받침된 결과이지만 그 이면에는 나를 계속하여 후원해 주는 많은 고객들이 있었기 때문이다.

나의 자산, 열광 고객 200명

자랑삼아 말한다면, 그분들은 내게 열광한다. 나의 서비스에 감동하시며 나의 열성적인 업무 추진에 열광하는 것이다.

그런 열성적인 고객들이 모여 '○○○ 애용자 클럽'을 만들었을 정도이니 말이다. 처음에는 40대 이상 주부 40여 명이 모여서 나를 후원하는 친목 단체처럼 출발한 것이 지금은 200여 명으로 확대되었다.

그분들은 나의 서비스에 감동하여 스스로 자청하여 확실한 팬클럽 회원이 되었고, 나는 그 고마움에 답하기 위해 성심을 다해 서비스하였다. 그리고 그 서비스는 인간 관계를 돈독히 하는 계기가 되었고, 나중에는 고객 스스로가 네트워크를 만들어 세일즈라는 영업 실적으로 보상해 주었다. 이를테면 서비스와 세일즈의 선순환 사이클을 만들어 낸 것이다.

계속하여 톱의 자리를 고수하고 있는 비결, 즉 지금의 내가 존재하는 이유는 '고객 재창출'과 '한 번 고객은 평생 단골 고객으로 만들겠다'는 신념을 가지고 최고의 서비스에 승부를 걸었기 때문이다.

세일즈계에는 "팔면서 세일즈가 시작된다"는 말이 있다. 판매함으로써 세일즈가 끝나는 것이 아니라 판매된 그 순간부터 세일즈 활동이 전개되어야 한다는 말이다. 그러나 서비스는 팔기 이전부터 시작된다고 할 수 있다. 그러기에 애프터 서비스(A/S)라는 말에 대응하여 사전 서비스(B/S)라는 말이 있지 않은가.

사전 서비스(B/S)와 사후 서비스(A/S)가 철저히 보장될 때 고객은 감동하고, 그래야 고객이 당신을 사고 상품을 살 것이다.

그런데 고객이 감동하게 하려면 당연히 보통의 서비스로는 안 된다. 고객이 감동할 수 있는 서비스를 제공해야 한다. 그러려면 내가 먼저 고객에게 열광해야 하며, 그래야만 고객이 나에게 열광하게 된다. 따라서 열광하는 고객을 만들려면 내가 먼저 열광적인 서비스를 제공해야 한다.

고객의 태도는 바로 당신의 서비스에 대한 반응임에 틀림없다. 그러므로 고객의 감동을 이끌어 내려면 감동적인 서비스를 보여 주어야 한다.

내게 열광적인 팬으로서의 고객이 있다는 것은 내가 그 동안 얼마나 열광적인 서비스에 심혈을 기울여 왔는지를 증명해 주게 된다.

당신 역시 고객을 사로잡으려면 고객이 감동할 수 있는 서비스를 제공하지 않으면 안 된다.

서비스 마케팅으로 성공한 개인이든 회사이든 그들에게는 한 가지 공통점이 있는데, 전설과 같은 고객 감동의 사례를 가지고 있다는 점이다. 그들은 서비스를 예술의 경지로까지 끌어올린다. 그래서 열광하는 팬 고객을 만들어 낸다.

다음에 소개되는 탁월한 서비스 사례를 통하여 당신 스스로 반성함은 물론 고객 감동의 서비스가 어떤 경지인지를 생각해 보자.

Only You

세계적으로 유명한 가수 마이클 잭슨이 공연차 우리 나라를 방문하게 되었을 때 우리 나라의 유명한 특급 호텔들은 그를 유치하려고 치열한 경쟁을 벌였다.

  그도 그럴 것이 마이클 잭슨은 하루에 몇백만 원이나 하는 최고의 VIP룸을 사용할 뿐 아니라, 그 방이 속해 있는 층의 모든 방을 통째로 사용할 것이기 때문이다. 또한 그를 취재하려고 세계 곳곳에서 기자들이 몰려 올 것이고, 그렇게 되면 돈 한 푼 안 들이고 전 세계에 호텔을 홍보할 수 있는 절호의 찬스가 되는 것이다.

  높은 경쟁을 뚫고 S호텔이 선정되자 S호텔 측에서는 아이디어 회의를 소집하였다. 상상할 수 없는 기발한 이벤트로 마이클 잭슨을 감동시켜서 '코리아' 하면 S호텔이, S호텔 하면 코리아가 연상되게 함으로써 평생 고객을 확보하기 위한 전략 회의를 한 것이다.

  드디어 마이클 잭슨이 도착하였다. 그리고 정해진 자신의 방으로 가기 위해 엘리베이터를 탔다. 그 때 엘리베이커 한쪽 구석에 설치된 모니터에서 그의 가장 대표적인 히트곡 'Billie Jean'이 뮤직 비디오로 상영되는 것이었다. 엘리베이터가 올라가는 동안 줄곧 모니터만 응시하고 있던 마이클 잭슨은 엘리베이터를 내리면서 "Wonderful, Beautiful, Graceful!"하며 연발 'ful' 자로 끝나는 말들로 극찬하더라는 것이다.

  S호텔은 야구선수 박찬호가 묵었을 때도, 그리고 골프선수 박세리가 투숙했을 때도 그들이 게임에서 이겨 세계를 열광케 했던 장면을 골라 역시 그 엘리베이터에서 보여 줌으로써 평생 고객 확보에 나섰다.

  오직(Only) 그 고객 한 사람(You)을 감동시키기 위해 그 사람만을 위한 특별한 서비스 프로그램을 준비한 것이다. 즉, 고객 한 사람 한 사람, 각자에게 딱 맞는 세심한 서비스로 고객을 사로잡았던 것이다.

천편일률적인 방법으로 고객을 군중 다루듯이 대하는 것이 아니라 개개인의 특성에 따라 한 사람 한 사람에게 맞춘 1 : 1 서비스로 고객을 만족시켜야 한다. 고객은 무리나 군중이 결코 아니다. '고객'이라는 말로 뭉뚱그려 다루어서는 결코 상대방을 감동시킬 수가 없다.

세상에 똑같은 사람은 한 사람도 없다. 쌍둥이일지라도 성격이 다르고 취향이 다르다. 그러므로 한 사람 한 사람을 알아 주고 챙겨 주는 서비스가 필요한 것이다.

한 사람 한 사람을 특별하게 생각하고 대하여야 한다. 오직 당신만을 위한 특별한 서비스라는 'Only You' 식의 고농축 감성 서비스만이 성공할 수 있다.

패더럴 익스프레스 사

미국의 택배 업체인 패더럴 익스프레스 사의 한 집배원이 우편물을 배달하던 도중 갑작스런 태풍으로 말미암아 건너야 할 다리가 떠내려가 버린 일이 있었다. 참으로 난감한 일이 아닐 수 없었으나 천재지변이라고 핑계를 대면 그뿐인 상황이었다. 그러나 패더럴 익스프레스사는 그 집배원이 고객에 대한 약속을 지키게 하기 위해 헬기를 전세 내어 우편물을 배달해 주도록 하였다.

그 일이 있은 후 고객 한 사람이 "패더럴 익스프레스 사 집배원, 진심으로 감사 드립니다!"라는 내용으로 신문에 광고를 내서 그 사실을 알렸다. 많은 사람들이 패더럴 익스프레스 사의 열렬한 팬이 되었음은 물론이다.

삼성 에버랜드

우리 나라의 에버랜드도 서비스에 있어서 세계적인 수준을 자랑하는 곳이다. 그 곳의 종업원들은 고객을 위해 자발적인 서비스를 하는 것으로 유명하다. 이러한 자발적인 서비스를 보여 주는 일화가 있다.

어느 겨울날 에버랜드 눈썰매장의 간이 화장실에서 젊은 부인이 금반지를 잃어버린 사건이 발생하였다. 그 금반지는 시어머니가 물려준 것으로 매우 귀하게 여기는 것이었는데, 실수를 하여 그만 변기통에 빠트린 것이다.

안타까움에 어쩔 줄 몰라 발을 동동 구르고 있는데 에버랜드의 한 직원이 나타났다. 그리고는 사정을 듣고 난 후 손에 고무 장갑을 끼고 변기통을 다 뒤져서 그 금반지를 찾아 주었다.

또 한 번은 이런 일이 있었다. 시골에서 친구들과 함께 놀러온 할아버지가 일행을 이탈해서 산 속으로 올라가고 있었다. 이를 발견한 직원이 따라가 보니 할아버지는 옷에 배설물을 흘려서 일행들 몰래 닦으러 간 것이었다. 직원은 그 할아버지를 정중히 안내하여 옷을 빨아 말려 주었다.

이런 서비스를 경험한 사람이 어찌 에버랜드를 잊을 수 있겠는가. 그들이 에버랜드의 열광적이 팬이 되었음은 말할 것도 없을 것이다.

H 자동차 정비 공장

H 자동차 정비 공장에 K씨라는 새로운 작업 반장이 부임해 왔다. K씨는 하루에도 새하얀 와이셔츠를 몇 벌씩이나 기름투성이로 만든다고 한다. 사연인즉슨 이렇다.

공장에서 일을 하다 보면 '이 사람은 중요한 사람이다' 라는 느낌이 오는 고객이 있게 마련이다. 그럴 때 마다 K 반장은 그 고객을 직접 상대하여 불만을 접수하며, 차주가 말하는 차의 이상 여부를 상세히 들은 후 그 즉시 와이셔츠 차림으로 차 밑으로 기어 들어간다는 것이다.

그리고 여기 저기를 꼼꼼히 점검한 뒤에 땀과 기름이 범벅이 된 모습으로 나타나 "어디어디가 나쁩니다. 수리해 두겠습니다. 4시간 후에 와주시겠습니까?"라고 말한다는 것이다.

흰 와이셔츠가 자기 때문에 기름범벅이 되었다는 사실에 고객은 입을 다물 수 없을 정도로 감동하고 두 손을 들고 말 것이다. 그 때부터 그 고객이 열렬한 단골이 되는 것은 물론일 것이고, 직장 동료나 친구들에게 광적으로 선전하고 다닐 것 또한 자명한 일이다.

덴마크에서 듣는 아리랑 *

L 그룹 영업 마케팅을 담당하던 O 과장은 덴마크에 있는 한 최고급 호텔에 묵게 되었다. 약 100년이 넘은 전통 있는 최고급 호텔이라고 해서 몹시 긴장하고 갔는데, 막상 도착해 보니 겉보기에

* 앞의 책 『서비스 이만큼만 해라』 참조.

는 유럽 스타일이지만 우리 나라의 장급 여관 수준의 낡은 호텔이었다.

짐을 잔뜩 가지고 갔는데도 짐을 들어 주는 서비스맨은커녕 도어맨조차 없었다. 뿐만 아니라 마루가 낡고 헐어서 걸어가기만 해도 삐꺽거리는 소리가 나 마치 유령이라도 나오는 옛날 성 같은 느낌이 들었다.

더군다나 프런트에는 70세가 조금 넘어 보이는 할아버지가 안경 너머로 O 과장을 쳐다보면서 맞이하였다. O과장 앞에는 다른 외국인이 체크인을 하기 위해 접수 중이었는데, 그 할아버지는 먼저 온 고객에 대하여 체크인 수속을 하면서도 O 과장에게 말을 건네는 것이었다.

"우리 나라에는 꽃이 많은데, 어떤 꽃을 좋아하세요?"

"네, 장미나 카네이션을 무척 좋아합니다."

그 밖에 음식 이야기며 스포츠에 관한 이야기를 5분 정도 나누고 나서 O 과장은 3층의 방으로 안내되었다. 그가 3층으로 올라가 방문을 열고 들어선 순간 방 안에서는 뜻밖에도 우리 민요 아리랑이 은은히 흘러나오는 게 아닌가. 그 때의 감격은 이루 말로 표현할 수 없었다고 한다.

그야말로 오랜 여행 끝에 쌓인 피로가 한꺼번에 풀리는 것 같았다. 더욱 더 놀란 것은 침대 사이드 테이블 위에 언제 준비했는지 장미와 카네이션이 예쁘게 꽂혀 있는 것이었다. 또 한 번 감격하고 말았다.

'아! 일류 호텔이란 다름 아닌 바로 이런 것이구나' 라며, 조금 전 호텔의 외관만 보고 실망했던 자신이 촌스럽게 느껴졌다고 한다. 규모가 크고 화려한 장식의 고급 시설들이 있어야 일류 호텔이라고 생각했던 한국식 고정 관념을 그 호텔에서 깰 수 있었다고 한다.

기다리는 손님의 지루함을 해소해 주기 위해 수속 중인 사람보다 오히려 뒤쪽에 줄서 기다리고 있는 사람을 더 배려해 주는 세심함부터 고객을 감동시키기에 충분한 것이다. 심리학자들의 말을 빌리면 지금 일을 처리 중인 손님보다는 뒷줄에 서서 기다리는 손님에게 말을 걸거나 배려해 줄 때 더욱 감동하게 된다고 한다. 단 한마디 "잠시 기다려 주십시오"라는 짧은 말일지라도 뒤에서 기다리는 사람은 '아! 내게도 신경을 써 주는구나' 라고 생각하며 지루함을 잊게 되는 것이다.

호텔에 들어서면서 느낄 수 있었던 포근함, 앞사람이 체크인할 때 뒤에서 지루함을 느끼며 서 있을 손님에게 노신사(호텔 프론트맨)가 걸어 온 따뜻한 말, 그 순간부터 이국이라는 이미지를 잠시 잊어버릴 수 있었는데 그 짧은 대화 속에서 고객에 대한 정보를 파악하여 즉각적인 서비스로 연결해 낸 그 호텔의 시스템은 그야말로 일류였던 것이다.

감동 DM

DM은 특정 대상의 고객에게 상품 안내장이나 친숙 자료를 보내는 간접 서비스 전략의 한 방법인데, 적은 비용으로 고객에 대한 서비스와 전하고자 하는 의사를 의도대로 표현할 수 있다는 점에서 매우 유용한 서비스 수단이라 할 수 있다.

DM은 무엇보다도 먼저 고객에게 읽혀져야 효력이 있다. 예를 들어 집으로 배달되는 DM 중에 '1002동 305호 사모님 귀하'라고 날라 온 편지가 있다면 개봉하지도 않고 쓰레기통으로 직행하게 될 것이다.

이름도 성도 모르고 그냥 주소로만 보낸 편지는 고객에 대한 정보가 전혀 없음을 의미하기 때문에 고객이 그것을 관심 있게 뜯어 볼 가능성은 거의 없는 것이다. 그래서 DM은 데이터베이스로 고객에 대한 정보가 파악된 후에 그 고객에게 맞는 구체적인 정보를 담아 발송해야 효과적이다.

노태진 씨는 '행복 Flower' 꽃집으로부터 한 통의 편지를 받았다. '꽃집에서 웬 편지가?' 노태진 씨는 의아해 하며 편지를 개봉해 보았다. 내용은 이렇다.

"귀하의 어머님 생신이 2주 정도 남았습니다. 재작년에 귀하께서 어머니를 위해 보내신 꽃은 장미 53송이였으며, 작년에는 백합을 보내셨습니다. 올해는 호접란을 보내시는 것이 어떨까요? 매년 저희 '행복 Flower'를 이용해 주셔서 감사하는 마음으로 8만 원 상당의 호접란을 작년과 동일한 가격인 5만 원에 배달해 드리겠습니다."

어머니의 생신을 잊고 있었던 노 태진씨는 '행복 Flower'의 정성에 감동할 수밖에 없었다. 그것이 상술이라는 것을 뻔히 알면서도 말이다.

노태진 씨는 어머니의 생신에 호접란을 보냈으며, 앞으로도 '행복 Flower' 꽃집만 이용하겠다고 마음먹었다.

'행복 Flower'는 꽃을 주문하는 손님의 이름, 연락처, 배달 대상, 배달 이유 등을 기록해 놓고 손님이 꽃을 주문할 시기가 되었다고 판단되면 DM을 통해 주문을 수주해 왔다.

K시에 있는 '양심 쌀집' 아저씨는 고객들이 쌀을 사 가는 날짜를 일일이 기록해 두었다. 몇 달간 그렇게 기록을 해 보니까 어떤 집이 어느 정도의 쌀을 사며, 며칠만에 한 번씩 쌀을 사는지, 여러 가지 구매 행태가 드러나기 시작하였다.

그러한 정보를 바탕으로 각 고객마다 쌀이 떨어질 때가 예상되는 날짜를 달력에다 표시를 해 놓았다. 이렇게 되니 달력이 그냥 평범한 달력이 아니라 고객에 대한 중요한 정보원 노릇을 하게 되는 것이었다.

그리고는 매일매일 달력을 보면서 쌀이 떨어지는 집마다 DM을 보내기 시작하였다.

간단한 인사말과 함께 이용해 주는 데에 대한 감사의 말씀을 전하고, '저희 양심 쌀집을 이용하시면서 이런 점을 개선했으면 더욱 좋겠더라는 충고의 말씀을 아끼지 마시고 해 주시면 더욱 더 열심히 고객을 위해서 봉사하겠습니다'라고 쓴 후 그 다음에 본론으로 '이제 쌀이 필요하실 때가 되었을 것 같은데 연락주십시오. 즉시 배달해 드리겠습니다'라고 하니 DM을 받아 본 주부가 깜짝 놀랄 수밖에 더 있는가.

'우리 집 쌀이 떨어진 걸 어떻게 그렇게 잘 아냐'고 하며 감동하더라는 것이다. 그래서 지금은 내친김에 아예 컴퓨터 한 대를 사서 체계적으로 고객에 관련한 데이터를 관리하기에 이르렀다.

재미있는 것은 그런 식의 서비스를 개시한 지 6개월이 지나면서 부근의 쌀집이 한집 두집 문을 닫기 시작하더라는 사실이다.

경쟁에서 이길 수 없기에 당연한 일이다.

이상은 DM을 이용한 열광 고객 만들기의 사례이다. DM으로도 고객을 감동시킬 수 있음을 보여 주고 있다. 요즘에는 회사마다 DM을 발송할 수 있는 자료를 시리즈로 개발해 제공하고 있는데, 조금만 머리를 쓰고 부지런하면 적은 비용으로 효율적인 고객 감동의 서비스를 제공할 수 있게 된다.

열광 고객, 나는 이렇게 만든다

나의 고객 L씨는 평상시 단 한 번도 보험료의 월 불입액을 미납한 적이 없는 우수 고객이다.

○○년 ○○월 30일. 계약 대장을 보면서 불입 상황을 체크하다가 불입 시기가 된 것을 발견하고 그 집에 전화를 걸어 불입 안내를 하려고 했으나 통화를 할 수가 없었다. 아침부터 밤늦은 시간까지 몇 차례의 통화를 시도했으나 연결이 되지 않았다.

그 다음 날인 31일. 그 날은 월말인 관계로 불입을 하지 않으면 L씨가 가입한 3건의 보험이 모두 실효가 되게 되어 있었다. 나는 곰곰이 생각한 끝에 한 번도 미납한 적이 없는 성실한 고객이었기에 본인의 의사와 상관 없이 대납을 해 주었다.

그로부터 몇 일 후, L씨 부인으로부터 전화를 받게 되었다. 시어머님이 편찮으셔서 서울의 병원에 입원을 하셨는데, 남편 L씨가 병원에서 간호하다 집으로 내려오는 길에 그만 교통 사고가 나서 중환자실에 있다는 것이었다.

그런 상황이었기에 그 동안 연락도 안 되고 불입도 안 되었던 것이다.

여러 가지로 경황이 없다면서 남편이 가입한 보험의 혜택을 볼 수 있느냐고 물었다. 정말 다행이었다. 대납한 상황을 자초지종 설명한 뒤, 환자의 상태에 따라 준비할 서류를 안내했더니 그 부인은 눈물을 흘리면서 너무나도 고마워했고, 나 역시 내가 하는 일에 큰 보람과 뿌듯함을 느꼈다.

시간이 지나고 L씨는 끝내 사망하였고, 사망 보험금으로 1억 6천만 원이 지급되었다. 물론 그 때 내가 대납을 하지 않았다면 단돈 1원도 혜택을 볼 수 없었다.

장사를 치룬 후 L씨 부인은 사고보험금으로 받은 돈 중에서 1억을 예치해 주심은 물론 나를 평생 은인으로 생각하며 살겠다고 두고두고 말씀하셨고, 지금은 나의 가장 확실한 후원자요, 열광 고객으로 나를 도와 주고 계신다.

진정한 서비스란 이런 것이다. 이것이 바로 SS이다. 고객 관리란 바로 이런 것이다. 어렵사리 신규 계약을 하게 될 때는 '이 고객을 나의 평생 고객으로 만들 것'이라는 각오를 다져야 한다. 그리고 평생 고객은 저절로 되는 것이 아니라 평생 동안의 사후 관리를 통해 고객이 열광하도록 함으로써 만들어진다는 생각도 함께 하면서 말이다.

7
서비스와 융통성

원칙 때문에 망한다 *

　L 교수의 황당한 경험담이다. L 교수는 아직도 그 때의 기분나쁨을 잊지 못한다고 고개를 설래설래 흔들고 있다.
　L 교수는 그 날 저녁 6시경, 안경을 사기 위해 K동에 있는 할인판매점을 찾아갔다. 이것저것 구경을 하다가 보니 그 판매점에 손님이라곤 L 교수밖에 없었다.
　안경 진열장을 이리저리 살피고 있는데 어디선가 전화벨 소리가 들렸다. 그리고 판매대에 서 있던 2명의 여직원 중 한 명이 수화기를 든다.
　"네 ○○ 할인점입니다. 어 그래, 나야. 응 …… 응? 아니 손님

---
* 『울고 웃는 고객 이야기』(이유재, 연암사, 1997) 참조

없어. 괜찮아. 이야기해도 돼."

'손님이 없다니……. 그럼 나는 손님이 아니고 무엇인가?' L 교수는 기분이 상했다. 그럼에도 그 판매원은 계속 이야기를 이어 갔다.

"어머 그랬어? 그래 뭐, 별로 재미없지."

판매원은 한 쪽 귀에 수화기를 끼고 한편으로 손톱을 정리하고 있었다. 판매원 앞에 서 있던 L 교수는 기가 막혔지만 전화가 끝나기를 기다렸다. 하지만 그 판매원은 아예 등을 돌리고 이야기를 계속 하는 것이었다.

할 수 없이 다른 한 쪽 끝에 있는 판매대로 갔다. 그 곳의 판매원은 선반 위의 상자에서 물건을 내리는 작업을 하고 있었다. 그 앞에서 일을 처리해 주기를 기다렸으나 그녀 역시 본 척도 하지 않고 자신이 하던 일을 계속 하고 있었다.

얼마나 지났을까? 오기가 생긴 L 교수는 한번 해 보자는 심정으로 그 자리에서 꼿꼿하게 버티고 서 있었다. 또 얼마나 지났을까? 마침내 뒤를 돌아본 판매원이 드디어 L 교수에게 물었다.

"번호표 있으세요?"

'번호표?'

순간 L 교수는 어리둥절했다.

"번호표가 있으시냐구요. 번호표가 있으셔야 합니다."

화가 난 L 교수가 언성을 높였다.

"이봐요. 나는 현재 이 가게의 유일한 손님인데 무슨 번호표가 필요한가요? 지금 누구를 놀리는 거요?"

그러나 판매원은 이에 아랑곳하지 않고 원칙상 번호표가 있어야 접수한다고 주장했다. 할 수 없이 L 교수는 순번 대기표 앞으로 가서 45번 번호표를 뽑아서 판매원에게로 갔다.

그러자 판매원은 재빨리 자신의 판매대로 갔다. 판매대에는 41번 손님이 마지막 손님이었다. 판매원은 번호를 부르기 시작했다. 42!, 43!, 44!, 45!

"내가 45번인데요."

"무엇을 도와드릴까요?"

판매원은 웃음을 잃지 않고 물었다.

"도울 일 없습니다."

화가 난 L 교수는 번호표를 구겨 휴지통에 던져 넣으며 그 안경점을 돌아나왔다고 한다.

그 할인 판매점의 종업원들에게 고객은 과연 어떤 존재였을까? 또한 순번 대기표를 사용하는 목적은 어디에 있는가? 순번 대기표를 사용해야 한다는 원칙은 과연 무엇을 위한 원칙이며 누구를 위한 규정인가?

원칙도 좋고 규정도 좋지만 그것이 오히려 상점을 망하게 하는 원칙이고 규정이 된다는 것을 알기나 하는 것인지……. 기본적인 교육도 안 된 종업원을 창구에 앉힌 할인점 경영자는 장사를 하자는 건지, 망하자는 건지 도저히 이해가 되지 않는 일이었다고 지금도 L 교수는 혀를 찬다.

천사의 원칙

1980년대의 일이다. 저물어 가던 5월의 어느 날. 일본 도쿄 변두리의 허름한 다다미방에 파리한 얼굴의 한 소녀가 누워 있었다. 그녀는 백혈병을 앓고 있었다. 어려웠으나 행복했던 집안에 청천벽력과 같이 다가선 딸의 불행을 보고도 손 한번 써 보지 못하는 어머니의 가슴은 찢어지는 듯이 아팠다.

"엄마 포도가 먹고 싶어요."

마지막일지도 모를 딸의 소원을 듣고 어머니는 무작정 포도를 찾아 나섰다. 하지만 제철도 아닌 때에 어디서 포도를 구한단 말인가?(그 때만 해도 아무 때나 포도가 나는 시절은 아니었다.)

찾는 자에게 길이 있다는 말처럼 어머니는 마침내 다카시마야 백화점 식품부에서 포도를 발견했다. 그러나 그 포도는 오동나무 상자 속에 고급스럽게 포장된 수만 엔짜리 포도였다.

가진 돈이라고는 고작 2천 엔뿐이었던 어머니는 절망하고 말았다. 그 때 멀리서 어머니의 안타까운 모습을 지켜보고 있던 여점원이 다가왔다. 어머니의 간절한 소망을 들은 여점원은 천사와 같은 모습으로 그러나 과감하게 오동나무 상자를 열고 스무 알 정도의 포도를 잘라 어머니에게 건네 주었다.

한 달 후 그 소녀는 짧은 삶을 마감했지만 소녀의 치료를 담당했던 의사가 마이니치 신문 가정란에 이 사연을 기고함으로써 애틋한 이야기가 세상에 알려지게 되었다. 그 후 창립 160주년을 맞은 다카시마야 백화점은 백화점의 상징으로 오랫동안 쓰여오던 장미를 포도로 바꾸고 '남을 돕는 마음을 갖자'라는 취지의 새로운 경영 이념을 채택하였다.

이 이야기는 많은 것들을 생각하게 한다. 많은 기업들이 유행처럼 고객 만족에 열을 올리고 있지만 고객 만족 운동을 벌이면서 종업원들에게 시키는 교육의 실상을 들여다보면 형식적인 원칙만을 강조하는 경우가 대부분이다.

인사는 머리를 몇 도로 숙여서 하고, 미소는 어떻게 지으며, 목소리는 '솔' 음으로 하라는 등 바로 이런 것이 MS적인 것이다.

진정한 고객 만족을 위해서는 원칙도 중요하지만 융통성 또한 그에 못지않게 중요하다. 군사학에서 가르치는 전쟁의 원칙 중에는 융통성이라는 게 있다고 한다. '원칙'에 '융통성'이 있다는 게 참 아이러니하지 않은가. 융통성 없는 원칙만으로는 변화무쌍한 전쟁의 상황을 다 수용할 수가 없는 것이다.

서비스도 마찬가지이다. 기본이 있어야 하고 원칙과 규정도 중요하지만 고객이 만족해야 한다는 대원칙을 충족시키려면 '융통성'이 절대로 필요하다. 고객의 욕구가 천편일률적이 아니고 다분히 융통성이 있기 때문이다.

다카시마야 백화점의 여직원이 수만 엔이나 하는 포도를 2천 엔 어치 잘라서 판 것은 누가 시킨 일이 아니었다. 아니 그렇게 함으로써 오히려 원칙을 지키지 않은 것에 대해 질책을 당할 위험이 있었을지도 모른다. 그럼에도 불구하고 그녀는 고객의 간절한 바람을 우선적으로 생각했던 것이다.

어쩌면 그 일에 대한 책임으로 어떠한 대가라도 감수하겠다는 마음가짐이 있었기에 가능한 일이었을 것이다. 고객의 가슴 아픈 사연을 듣고 진정 고객의 편에서 용감하게 행동한 것이 사라져 간 영혼을 감동시키고 수많은 고객을 감동시킨 것이다.

이 같은 융통성은 자신의 일에 대한 분명한 철학이 있는 프로가 아니면 도저히 불가능한 일이다.

고객 감동은 멀리 있는 것이 아니다. 원칙 타령만 하지 말고 진정으로 고객의 입장이 되어 본다면 고객의 마음을 뚫고 들어가는 고객 감동의 길이 열릴 것이다.

8
전화로 고객 사로잡기

　몇백 년 전에는 멀리 떨어져 있는 사람에게 소식을 전하고자 할 때 비둘기나 파발마를 활용했다. 비둘기는 성질이 온순하고 길들이기 쉬우며 잘 나는 특성이 있고 귀소성이 강하여 다리에 문서를 달아 통신용으로 이용했다. 그리고 파발마는 전화기가 발명되기 전까지 중요한 공무가 있을 때 많이 사용되었다.

　이같이 비둘기와 파발마에 의한 통신 수단은 1844년, 미국의 발명가 모스가 전신을 발명하면서 퇴조하였고, 전신은 1876년 10월 미국의 알렉산더 그레이엄 벨이 전화를 발명하면서 그 역할을 떠맡게 되었다. 그 후 정보 통신 기술의 향상은 통신과 컴퓨터의 만남 그리고 위성 통신 시대를 구가하는 경지에까지 이르고 있다.

　더욱이 요즘은 휴대폰과 통신 체계의 혁명적인 발달로 개개인의 움직이는 사무실로, 또는 중요한 이동 통신 수단이 되고 있다. 이제 전화는 사람들에게 있어서 가장 중요한 생활 도구가 되고 있다.

따라서 전화가 서비스에 있어서도 가장 중요한 도구로 등장하게 된 것은 지극히 당연한 일이라 할 것이며, 그러하기에 서비스맨은 단순히 친절하게 전화를 받고 예의바르게 통화하는 MS적 차원을 뛰어넘어, 한 차원 높이 전화를 활용할 줄 아는 탁월한 전문가가 되어야 한다.

전략적인 메시지를 만들자

전화는 5초 안에 상대방에게 이미지를 전달해야 하는 아주 예민한 커뮤니케이션의 수단이다. 또한 대부분의 경우 상대방을 볼 수 없으므로 말의 내용이나 말하는 방식, 어투 등이 커뮤니케이션에 결정적인 영향을 미친다. 그러므로 마치 라디오 광고 메시지처럼 완벽한 카피를 사전에 준비해 두고 전화 통화를 하여야 한다.

즉, 통화 내용을 미리 전략적으로 구상하고 상대에게 말해야 할 단어나 말하는 방법, 표현법 등을 신중하게 선택해야 한다.

즉흥적으로 고객에게 전화를 걸어 생각나는 대로 말한다면 그것은 시간의 낭비요, 인력의 낭비이며, 결코 생산성 높은 통화 방식이 될 수가 없다.

전화는 선이나 전파를 타고 수백 리, 수천 리 떨어진 곳의 고객과 의사 소통을 하게 된다. 또한 전화를 건다는 것은 상대방의 허락도 없이 상대방의 시간을 점령하는 행위이다. 그러기에 가장 짧은 시간에 가장 완벽한 내용의 말을 구사하여야 전문가다운 통화 요령이라 할 수 있다.

전화는 아주 짧은 시간에 많은 이미지를 결정하게 한다. 따라서 전화를 통해 잡담을 나눌 여유가 없으며, 수다를 떠는 사치를 부릴 수도 없다. 전달할 메시지는 처음부터 특별한 뭔가를 느낄 수 있어야 하며 흥미와 호기심, 부드러움과 편안함을 느낄 수 있는 전략적인 메시지여야 한다.

전략적인 메시지만이 자기가 말하고자 하는 것을 정밀하면서도 확신에 찬 방법으로 고객에게 전달할 수 있으며, 그래야 고객이 만족하고 감동을 받는다.

지금부터 행복하세요

얼마 전 D 보험사 고객 센터에 전화할 일이 있었다. 어머니가 생명 보험에 가입을 했는데 당초 약속과는 달리 혜택이 받을 수 없다고 하였다고 해 나 자신이 보험 전문가이기에 단단히 따질 생각에 화가 잔뜩 나서 전화를 걸었다.

이런 경우 전화를 하다보면 싸움으로 변하는 일이 많기에 최대한 마음을 안정시키고 심호흡까지 한 뒤 02-○○○○-○○○○으로 다이얼 버튼을 눌렀다.

아니! 그런데 나의 전화를 받는 그들의 목소리에서부터 뭔가 나의 예상이 빗나가고 있음을 느낄 수 있었다.

'따-르릉' 신호가 가는 것과 동시에 상큼한 목소리로 "지금부터 행복하세요. 고객 센터 ○○○입니다. 무엇을 도와드릴까요"라는 인사말을 들어야 했다. 그 전화 응대 태도는 신비스러울 정도로 완벽했다.

한바탕 싸울 각오를 하고 심호흡까지 한 뒤 전화를 하였건만 D사 전화 서비스맨은 초인적인 인내심과 따뜻한 목소리로 상황 설명을 하는 것이었다. 나는 그것에 감동되어 두 손을 들고 말았다.

처음에는 속았다는 어머니의 말씀만 듣고 큰 손해를 보았다는 생각에 크게 따질 작정으로 전화를 했지만, D사 직원의 자초지종을 듣고 보니 쌍방과실이라는 결론을 내리게 되었다. 물론 D사 직원의 친절한 설명과 인내심이 나의 생각을 바꾸게 한 것이다. 5분간의 전화 통화로 불만이 감동으로 바뀐 순간이었다.

첫인상은 많은 걸 지배한다. 특히 전화 통화는 최초 5초의 이미지가 가장 중요하다. 시간이 지나면 좋아질 것이라고 주장할지 모르지만 고객은 결코 기다려 주지 않는다. 그런 면에서 D사는 전화벨이 울림과 동시에 즉시 전화를 받고 상냥한 목소리로 하는 "지금부터 행복하세요"라는 멘트로 순간적으로 고객을 감동시키는 것이다.

본래 고객 불만 접수 창구로 전화를 하는 고객들은 큰 민원을 제기할 소지가 많은 시한 폭탄과 같은 사람들이 대부분이다. 속된 말로 이들의 비위를 잘못 건드리면 그 동안 공들여 쌓은 이미지가 순식간에 무너질 수도 있다.

그런 폭탄과 같은 고객을 상대하기 위해 전화 응대 전략을 잘 세운 D사는 정말 칭찬을 들어도 충분하다고 생각한다.

해피 콜—행복한 고객 만들기

텔레폰 박이라는 별명을 갖고 있는 사람이 있다. 그는 하루 한 사람에게 3분씩 모두 열 명에게 전화를 걸어 높은 영업 실적을 올리고 있다. 박은 3분의 통화에서 고농도의 행복 전달로 고객 감동을 연출하고 있다.

그는 전화로 물건을 사라든가 자기 회사를 거래해 달라는 등의 영업 활동을 직접하지는 않는다. 단지 즐거운 인사말과 함께 고객들에게 행복을 선물할 뿐이다.

예를 들자면 "오월의 하늘을 보면 ○○○님의 맑은 미소가 생각납니다", "내리는 여름비는 ○○○님을 닮아 너무나 시원합니다", "사장님처럼 시원시원한 가을 바람에 사장님 생각이 났습니다" 등등.

그와 3분 간 통화를 하고 나면 3시간이 행복하다고 고객이 말할 정도로 그의 전화 통화는 확실히 남다르고 탁월하다. 그는 그러한 고객의 반응을 에너지로 하여 행복한 고객 만들기에 성공하였으며, 결국 자타가 인정하는 최고의 세일즈맨이 되었다.

D 전자의 판매 사원 K 씨 역시 전화를 잘 활용한 사람 중의 하나이다. 그는 3. 1. 3. 1 전법이라는 해피콜 전법을 썼는데, 냉장고나 세탁기를 판매한 뒤 3일 후, 1개월 후, 3개월 후, 그리고 1년 후에 해피콜을 해준다는 것이다.

한 가지 제품을 팔게 되면 1년 동안 4번의 해피콜을 함으로써 고객 감동, 고객 행복을 추구하고, 그를 통해 자신도 함께 행복해지는 win-win 전략을 활용하는 것이다. 그러한 해피콜 전략을 통해 고객과의 뿌리깊은 인간 관계를 형성함과 아울러 신화적인 판매왕이 될 수 있었다.

S 보험사 S씨. 그는 보험 계약을 체결하고 일주일 후 그 계약에

대한 A/S 차원으로 고객에게 반드시 전화를 한다. 체결한 계약에 대한 보장 내역과 약관에 명시되어 있는 중요 사항을 다시 한 번 설명해 주고, 즉흥적으로 계약을 체결하여 놓고 불입할 능력이 되지 않아 걱정하는 고객들에게는 청약 후 15일 이내에 취소하시면 손해가 가지 않는다고 친절하게 설명하여 준다. 참 눈물나게 고마운 일이다.

한 번 생각해 보라. 계속 찾아오는 세일즈맨에게 미안해서, 또는 주변 사람들이 모두 가입했다고 해서 부화뇌동격으로 가입은 하였지만 집에 와서 가계부를 아무리 검토해 보아도 더 이상의 지출은 무리일 수밖에 없는 상황이라면 계약 유지가 어려울 것이다.

보험 계약이란 것이 설계사와 고객 모두를 위한 win-win 전략이어야 하지 어느 한쪽의 일방적인 이익을 위해서라면 설계사 자신도 죄의식을 느껴서 신바람나게 영업활동을 할 수 없을 것이다. 이런 면에서 S씨의 차별화 전략은 성공적이었다.

물론 처음에는 기다렸다는 듯이 취소하는 고객들 때문에 황당하기 짝이 없었지만 그렇게 취소한 고객은 머지않아 반드시 그를 찾아 보험을 들어 주었고, S씨의 양심과 친절함에 감동한 고객들은 입에서 입으로 그를 홍보해 줌으로써 시장을 기하급수적으로 확대할 수가 있었던 것이다.

그 결과 S 보험사의 최고 설계사로 성공하였고, 지금도 S사의 계약 유지율 1위 설계사로 최고의 자리를 지키고 있다.

세일즈맨의 통화 어조 연출법

전화로 고객을 상대함에 있어서는 사람들이 전화에 대하여 가지고 있는 미묘한 심리를 읽어야 한다.

낯선 사람이라도 직접 만날 때는 생김새라든가 복장, 전체적인 분위기나 인상 등을 통하여 고객이 서비스맨을 판단할 수 있고, 서비스맨 역시 고객이 지금 심리적으로 어떤 상태인지 확인을 하면서 상담하게 된다. 그러나 전화로 낯선 사람을 대한다는 것은 여간 어려운 일이 아니다.

고객의 입장이 되어 보라. 고객으로서는 서비스맨과의 전화 통화에 일말의 불안감과 초조함을 느끼는 경우가 많을 것이다. 도대체 어떻게 생긴 사람인지부터가 궁금할 것이다.

특히 그 서비스맨이 무언가 세일즈하기 위해 전화를 했다면 고객의 불안과 심리적 압박은 더 심할 것이다.

그러기에 서비스맨은 전화를 할 때 어떻게 고객에게 접근해야 할지 통화 어조 연출을 할 줄 알아야 한다. 그래야 일류 서비스맨이 될 수 있다.

나의 경우 전화로 영업을 시작하면서 전화 판매에 관한 서적을 많이 읽었다. 그런데 텔레마케팅 교육의 대부분은 내용이 비슷했다. 인사말, 통화 내용 등 마치 녹음기를 듣고 있는 착각에 빠진 듯이 너무 흡사했다.

이런 스피치로 고객들의 마음을 움직일 수 있을까? 절대로 그렇지 않다. 고객이 처한 상황을 마음으로 읽고 고객과 같은 마음으로 통화를 하려고 노력을 해야 한다.

고객이 바쁜 목소리이면 빨리 말을 하고, 고객이 천천히 말을 한다면 역시 천천히 말을 해야 하며, 고객이 약간 수다스럽다거나 활달하거나 침착한 사람이라면 그 고객에게 맞추어 말해야 한다.

고객마다 개성에 맞는 차별화된 통화만이 성공할 수 있다. 획일화된 똑같은 전화 서비스에 고객은 식상해 있기에 차별화된 전화 서비스 전략만이 성공할 수 있다.

따라서 서비스맨은 통화 어조의 연출에도 능숙해야 한다.

- 억양 변화

억양이란 어조에 파도를 타듯이 높낮이에 변화를 주는 것이다. 변화가 없는 단조로운 억양은 상대로 하여금 무성의하고 불친절하다는 인상을 갖게 하기 쉽다. 특히 같은 말을 반복하는 사람들에게 이러한 현상이 나타나는데, 예를 들어 교환실(전화 서비스실)에 근무하거나 전화로 상품을 판매하는 텔레마케터에게 무색무취의 단조로운 억양이 버릇되기 쉽다.

일반적인 서비스맨이라 할지라도 "감사합니다. ○○ 회사 ○○ ○입니다"라고 첫 응신 용어를 말할 때 자칫 기계적이고 밋밋한 목소리가 나올 수 있다.

같은 내용의 말을 하루에도 여러 번 반복해야 하는 서비스맨의 입장에서는 그럴 수밖에 없지 않느냐고 할지 모르나, 고객의 입장에서는 처음 듣는다는 사실을 알아야 한다.

그러므로 전화 통화는 항상 억양의 변화를 경쾌하게 하며, 상냥함을 잃지 않도록 노력해야 한다.

- 미소지으며 통화하기

목소리만 전달되는 전화 통화에서 상대방은 그 목소리를 통하여 당신을 연상하고 당신의 상(이미지)을 그린다. 바꾸어 말하면, 상대방으로 하여금 당신의 상을 좋은 것으로 연상하게 하려면 좋은 목소리, 좋은 억양으로 통화하여야 한다.

여기서 말하는 좋은 목소리란 단순히 미성(美聲)만을 뜻하는 것이 아니라 친절과 정중함이 담긴 상냥한 목소리를 말한다. 그러한 목소리는 건성으로 흉내만 내어서 되는 게 아니며 직접 고객을 대할 때와 같은 마음가짐, 몸가짐으로 통화할 때 가능하다.

전화란 소리의 전달뿐 아니라 그 말소리에 호흡, 분위기, 이야기 내용 등 여러 가지를 조화시켜 상대방의 뇌리에 당신의 영상을 그려 준다. 즉, 전화 목소리는 단순한 소리가 아니라 마음과 몸가짐의 울림인 것이다.

웃으면서 통화하는 것, 그것이 억양 개선의 한 요령이다.

- 음량 조절

적당한 크기의 목소리로 통화하는 것도 친절한 인상을 주는 데 필요하다.

음량이 적어 속삭이듯 말하는 것보다는 약간 큰 목소리로 통화하는 것이 성의가 있고, 응대에 열의가 있어 보인다. 속삭이는 것이 오히려 좋지 않느냐고 반문하는 사람도 있을지 모르나, 그것은 직접 대면하는 연인 같은 사이에서나 통하는 이야기이다.

격지간의 전화 통화에서 특히 고객을 상대하면서 목소리가 적으면 상대방은 답답한 심정이 되거나 자칫하면 목에 힘을 주고 권위를 세우는 것으로 오해할 수도 있다.

　간혹, 상대방이 큰 목소리로 말할 때가 있는데, 이런 경우에는 상대방이 당신과의 통화에 답답함을 느끼고 있다는 증거일 수도 있으니, 이쪽에서도 약간 목소리를 올려 주는 것이 좋다.

　그런 경우가 아니라 상대방이 습관적으로 목소리가 클 때는 당신이 음량을 조금 낮추어 통화함으로써 상대의 목소리 크기를 당신의 목소리에 맞추도록 유도하는 재치가 필요하다.

　결론적으로 목소리의 크기는 상대방이나 상황에 따라 그 크기를 조절하여야 하나, 평상시에는 일반 대화보다 조금 높은 목소리로 통화를 하여 고객이 주의를 집중할 수 있도록 유도함과 아울러 적극적이고 친절한 응대를 하는 것과 같은 심리적 효과를 노려야 한다.

• 말의 속도

　통화에 있어서 말의 속도는 상대방의 말하는 속도와 느낌의 강도에 맞추어 주는 것이 좋다.

　말하는 속도에 보조를 맞추는 것은 고객과 일체감을 형성하는 좋은 방법이 된다. 고객은 말의 속도가 빠른데, 이쪽에서는 느긋하게 느릿느릿 말한다면 일체감 조성은 고사하고 고객이 답답함을 느낄 뿐 아니라 무성의한 응대라고 생각하게 된다.

　반대로 고객은 목소리를 천천히 하여 말하는데, 이쪽에서 흥분한 듯 속사포 쏘는 식의 빠른 속도로 말한다면 고객은 불쾌해 할 게 분명하다.

　말의 속도는 사람마다 다르고 일종의 개성이라 할 수도 있으나,

고객이 말하는 속도에 어느 정도 보조를 맞추는 것은 누구나 할 수가 있는 것이다. 보조를 맞춤으로써 서로간에 마음의 간격을 좁히고, 그럼으로써 상대방은 친절한 응대라는 생각을 하게 된다.

• 어조 과장

가까운 친구와 오랜만에 통화를 할 경우 어떻게 말하는가? 약간은 흥분된 어조로 평소보다 음량도 높이고, 말의 속도도 빨리하며 낱말의 강세에도 변화를 주어 신난 듯 말할 것이다. 그렇게 말하는 것이 친근감 있게 통화하는 것임을 본능적으로 알고 있기 때문이다.

솔직히 서비스맨의 입장에서 고객의 전화가 반드시 반가운 것만은 아닐 것이다. 그러기에 자칫 통화 목소리가 축 처지고 힘이 빠지고 무성의해지기 쉽다.

그러나 그럴수록 역설적으로, 반가운 친구와의 통화처럼 어조를 약간 과장하여 신이 난 듯, 반가운 듯, 즐거운 듯이 말하는 게 통화 서비스의 요령이다. 그 과장된 어조를 통해 고객은 반가움을 느끼고 즐거운 기분이 되며 친절하다는 인상을 갖게 된다.

9
고객 성격별 대응법

흔히 고객을 가리켜 10인 10색이라고 한다. 각각의 성격과 기질이 각양각색이라는 의미이다. 그러나 고객을 상대해 보면 어느 정도의 성격적 유형이 구분됨을 알 수 있다.

그러한 성격 유형별로 어떻게 응대하는 것이 좋은지 알아 두자.

귀족적이고 예민한 고객

품위 있고 섬세한 감각의 소유자. 몸가짐이 단정하고 조금도 빈틈이 없다. 취미는 고상하고 태도나 화법이 세련되었다. 비교적 감성이 예민하므로 마음의 상처를 입기가 쉽다. 이런 유형의 고객은 서비스맨이 던진 기분 나쁜 말 한 마디에 지금까지의 관계를 단절한다.

이런 고객을 대할 때는 복장을 깔끔하게 갖추고 예절바른 언행으로 상대방의 분위기와 어울리도록 해야 한다. 감성적인 분위기로 접근하면 고객을 움직이기가 훨씬 쉬워진다. 서비스 제공에 있어서 구질구질해서는 안 되며, 상품 설명도 군더더기 없이 단순하게 하는 것이 좋다.

냉엄한 지배자형의 고객

사람들에게 엄격하며 특히 부하 직원들에게 명령하는 것을 좋아한다. 그런 고객을 방문해 보면 꼭 부하 직원이나 여직원에게 차 대접을 하게 한다. 자신의 명령에 따라 부하 직원이 움직이고 있다는 것을 보여 주고 싶기 때문이다. 부하 직원이 잘못을 하면 그 책임을 철저히 추궁한다. 관료형이고 권의주의형 고객이다.

이런 사람은 오히려 대하기가 좋은 면이 있다. 처음 접근이 힘들어서 그렇지 대화를 나눌 기회를 만들면 손쉽게 단골 고객으로 만들 수 있다. 자기 주장이 강한 사람일수록 상대방의 주장이 설득력 있으면 그것을 인정해 준다. 고객을 설득할 때 전문 지식을 총동원한 합리적인 내용으로 고객을 꼼짝 못하게 만들어야 한다.

무사태평한 향락 지향의 고객

말 그대로 속물적인 유형의 고객이다. 유머라기보다는 오히려 천한 말을 입에 올린다. 대체로 정서도 불안정하다. 그저 맛있는 음식을 먹고 재미있는 것을 보고 놀고 싶을 때 놀고 떠들고 싶을 때 떠든다는 사고 방식의 소유자이다.

돈이 많거나 그렇지 않은 두 가지 타입으로 나뉜다. 세상을 보는 눈이 긍정적이므로 여행, 레저, 스포츠 등에 관한 내용으로 대화를 이끄는 게 좋다. 골치 아픈 논리적 설득보다는 인간적 접근을 하는 것이 설득하기에 편하다. 이런 고객은 쉽게 함락시킬 수 있는 반면에 장기적인 고객이 될 확률은 적다.

착실하고 꼼꼼한 고객

줄을 그을 때도 꼭 자로 긋는다. 편지나 서류를 작성한 뒤에는 몇 번씩 읽어 보아야 마음이 놓인다. 항상 수첩을 갖고 다니면서 메모한다. 책꽂이나 서랍은 항상 정리가 잘 되어 있어서 불을 끄고도 필요한 물건을 찾아 낼 정도다. 딱딱한 인품을 지니고 있는 데다가 고지식한 반면 일에 열중하고 질서를 지킨다.

고객을 설득하는 데 상당한 인내가 필요하다. 서비스를 받으면서도 마음 속으로 이것저것 따진다. 이런 고객은 학연이나 지연에 약한 면이 있으므로 설득하고자 할 때는 주변의 협력자를 찾아 원군을 만든다.

자기 현시욕이 강한 고객

자신을 실제 이상으로 돋보이고 싶은 심리가 항상 작용하고 있는 타입이다. 따라서 허영심이 강하다. 외출할 때 액세서리로 화려하게 몸을 치장한다. 유행에도 민감하여 남들보다 앞서서 구입해야 직성이 풀린다.

옆집에 사는 누구가 얼마짜리 자동차를 구입했다는 정보를 은근히 흘리면 그것보다 더 큰 것을 구입해야 직성이 풀리는 사람이다. 이런 유형일수록 가정 경제 상태를 잘 파악하여 무리한 계약을 체결하지 않도록 하여야 한다.

신경질적인 성격의 고객

외부의 자극에 민감하게 반응한다. 지나치게 걱정하고 근심하며 나쁜 방향으로만 생각하는 경향이 있다. 사소한 일, 하찮은 일에 가슴을 졸이며 걱정한다. 하지만 이런 사람일수록 집에서 큰소리치는 예가 많다.

접근 단계에서 첫인상이 매우 중요하다. 오감이 발달된 고객에게는 첫인상이 그 이후의 관계를 좌우한다. 이런 유형의 고객은 남들로부터 받은 친절이나 은혜는 잊지 않는 경향이 있다. 믿음이 가는 인상을 심어 준다면 대응하기가 쉽다. 사소한 것에 책잡히지 않도록 주의해야 한다.

무미 건조한 무신경 고객

한 마디로 재미가 없다. 유머를 이해하지도 못하며 위트도 없다. 대인 감정도 담담하다. 무슨 일에서나 정열이 없고 어딘가 메마른 느낌을 준다. 행동도 느리고 생동감도 없으며, 가끔 멍청한 모습을 보여 주기도 한다.

서비스맨이 접근하기가 매우 어려운 타입이다. 반응이 있어야 다음 단계로 진행을 할 텐데 별 반응이 없어 진척이 느리다. 이런 고객에게 상품을 팔려고 할 때는 DM을 꾸준히 보내고 전화 대화를 잘 활용해 보는 것이 좋다. 전화는 상대방의 얼굴이 보이지 않으므로 자연스럽게 화제를 이끌어 낼 수 있는 장점이 있다. 접근이 잘 안 되는 것 같으면 이런 고객은 포기하는 것도 한 방법이다.

정력적인 실천가형 고객

이런 고객은 유머와 정서를 갖춘 데다가 명랑하고 낙천적이다. 일을 정력적으로 추진시켜 나가지만 좀처럼 피로를 느끼지 않는다. 유능한 편이어서 일이나 사업 등을 적극적으로 확장시켜 나간다. 누가 부탁을 하면 잘 들어 준다.

타고난 사업가 기질의 소유자다. 이런 고객은 VIP 고객으로 삼아 회사의 임원 등과 연결하면 평생 고객으로 만들 수 있다. 경제권은 부인이 갖고 있는 경우가 많으므로 가정 방문도 시도해 볼 필요가 있다.

KI 429
정순덕 e파워 서비스

지은이 / 정순덕

1판 1쇄 인쇄 / 2002. 3. 1
1판 2쇄 발행 / 2002. 3. 15

펴낸곳 / (주)북21
펴낸이 / 김영곤
책임편집 / 박찬은

등록번호 / 제10-314호
등록일자 / 1989. 4. 4

서울시 마포구 서교동 464-41 미진빌딩 4층 (121-841)
전화 / (02)336-2100(대표) 336-2022(편집)
팩시밀리 / (02)336-2151

http://www.book21.co.kr
E-mail / book21@book21.co.kr

값 10,000원
ISBN 89-509-0495-0 13320

※ 저자와의 협의에 의해 인지는 생략합니다.
※ 잘못 만들어진 책은 구입하신 서점에서 교환해 드립니다.